W0317371

rororo

«Wenn ich nachts an einem Fenster lehnte, im Schimmer des Abenteuers, und von hoch oben hinuntersah in die tief hängenden Wolken, kam es mir manchmal vor, als würde sich ein Gewitter aus Farben über der Stadt entladen. Es blitzte in den Fenstern Tausender Türme, bis es flimmernd zerfiel. Dieser Taumel, diese Trance und dann wieder diese absolute Ruhe. Kann ein Gaijin ein Land verstehen, das er gar nicht verstehen kann? Wie sollte er, dachte ich. Aber er kann es lieben.»

«Gastmann ist ein brillanter Beobachter.» *NDR kultur*

«Eine absolute Empfehlung.» *mdr KULTUR*

Dennis Gastmann, geboren 1978, hat als Reporter für die Auslandsmagazine der ARD alle Kontinente bereist. 2011 beschrieb er seine Abenteuer in dem Band «Mit 80 000 Fragen um die Welt», danach wanderte er von Deutschland über die Alpen bis nach Italien, um seine Sünden zu büßen («Gang nach Canossa», 2012). Zuletzt erschienen «Geschlossene Gesellschaft» (2014), eine Exkursion in die Welt der Reichen, und «Atlas der unentdeckten Länder» (2016), eine Entdeckungsreise zu den letzten unbekannten Orten unserer Erde.

DENNIS GASTMANN

DER VORLETZTE SAMURAI

EIN JAPANISCHES ABENTEUER

ROWOHLT TASCHENBUCH VERLAG

Veröffentlicht im Rowohlt Taschenbuch Verlag,
Hamburg, Juni 2019
Copyright © 2018 by Rowohlt · Berlin Verlag GmbH, Berlin
Karte Peter Palm, Berlin
Umschlaggestaltung zero-media.net, München,
nach einem Entwurf von Frank Ortmann
Umschlagabbildung Ira Block / Getty Images
Druck und Bindung CPI books GmbH, Leck, Germany
ISBN 978 3 499 63298 3

FÜR DAS KIND DES SOMMERS

INHALT

Komm, lass uns gehen
Schnee schauen, Sake trinken
Taumeln wie Flocken

MATSUO BASHŌ (1644 BIS 1694)

DAS HAUS DER KNIENDEN FRAUEN

TOKYO

Langsam, ganz langsam wogten die Laternen im Abendwind, als sich ein zierliches Wesen vor uns verneigte. Es wartete auf dem Gehweg und wies nickend auf eine Stiege, die hinauf in einen Pagodenbau führte. Äußerlich, inmitten all der Wohntürme, die ihn überragten, war er mir klein vorgekommen wie ein Teehaus. In seinem Inneren aber wollte er nicht enden. Verwinkelt und verwunschen, schien er neunundneunzig Zimmer in sich zu bergen, eines wie das andere verschlossen, als hüteten sie Geheimnisse. Ihre Türen waren bloß aus Papier, und doch konnte ich dahinter nur Schatten erkennen.

In jedem Winkel, auf jedem Gang und an der Schwelle jeder Kammer knieten Frauen. Sie trugen Kimonos und waren in gleicher Weise gealtert wie ihr Lokal, das so mancher, trotz seiner wächsernen Aura und der Wasserflecken an den Decken, zu den edelsten des Landes zählte. Das Dekor beschränkte sich auf ein Gesteck im Entree und eine Tuschezeichnung an einem Nagel darüber, die nichts weiter zeigte als einen Apfel, rot wie ein Tropfen Blut auf einer Trauerkarte. Wie ausgesucht dieser Ort war, verrieten die

Mienen der Bediensteten, die zwar den Blick vor uns senkten, es aber mit einer solchen Klasse taten, dass sie dabei nicht geringer wirkten.

Der einzige Herr unter ihnen, nahezu ein Greis, krümmte sich vor einer Kommode und legte unsere Schuhe hinein, als seien sie aus Kristall. So schritten wir auf Strümpfen durch das Reich der Kauernden, die mit jedem Meter, den wir gingen, und mit jeder Biegung, die sich zwischen Reisstroh, Holz und Sandputz bahnte, um weitere Jahre reiften. Es war, als würde das Haar der Frauen von Flur zu Flur an Schwärze verlieren. Ihre Brauen zogen sich zu Fäden zusammen, und über ihre Züge legte sich ein milchiger Schleier, blass und bleich wie eine Maske.

Die wohl Betagteste lugte aus dem Dunkel eines Spalts hervor. Sie saß buchstäblich in der Wand, ganz am Ende eines Korridors. Weil ihre Finger damit beschäftigt waren, Scheine zu zählen, und ihre Pupillen indes über eine Liste mit Zahlen und Schriftzeichen wanderten, senkte sich ihr Kinn eher beiläufig, als wir sie passierten. Unser Pfad bog nun nach rechts und abermals nach links, wo sich zwei Damen aus der Hocke erhoben. Sie legten die Aderhände an eine Schiebetür, fuhren sie sachte beiseite und ahnten wohl nicht, wie oft ich mir diesen Moment in Gedanken vorgestellt hatte.

Vier Sommer und vier Winter war ich nun mit Natsumi zusammen. Vier Jahre, in denen sie mir von ihren Verwandten in Japan erzählt hatte. Von Cousinen aus Kyoto, der Stadt der Kaiser, und Cousins aus Osaka, der Stadt der Lichter. Von einer wunderlichen Lieblingstante aus Kōbe, die seit Jahrzehnten unsere Sprache lerne und bisher kein einziges Wort herausgebracht habe – außer der Vokabel

«Entenfamilie». Von dem einstigen Herrenhaus ihrer Vorfahren, das mit jeder Erwähnung größer wurde, und von all den Dienern, die dort einmal gearbeitet hätten, einige in den Gemächern, andere in den Gärten.

Natsumi stammt aus der Linie eines Samurai, und er scheint stets an ihrer Seite zu wandeln. Sie mag zerbrechlich wirken, aber ich habe sie nie weinen sehen. Eine Kriegerin verliert keine Tränen, und sollte es dennoch geschehen, dann nur im Stillen. Mir ist, als habe sie drei Gesichter: Eines zeigt sie der Welt, das zweite zeigt sie mir, und das dritte sieht nur sie selbst, im Wandspiegel, wenn die Tür hinter ihr verriegelt ist und keine Seele stört. Natsumis Mutter ist Japanerin, ihr Vater kommt vom Bodensee, und die ersten Takte ihres Lebens spielten hier, in Tokyo, umschwirrt von dreißig Millionen Stimmen. Ironisch aber, wie das Leben ist, lotste es ihre Eltern bald an den Deich. So war Natsumi zur Melodie des Alten Landes groß geworden, jenseits der Elbe. Dort, wo die Backsteinhöfe reetgedeckt sind und das Tageblatt hin und wieder neugierig um ein Foto bat, wenn ein Verwandter aus dem ach so fernen Osten zu Besuch war.

In Japan nennt man sie *hāfu*, eine Halbe, und auch ich hatte immer das Gefühl, sie nur zur Hälfte zu kennen. Morgens, wenn ich gebannt zusah, wie sie ein Rührei mit Stäbchen quirlte, und fragte, ob es nicht an der Zeit sei, in ihre zweite Heimat zu reisen, zögerte sie. Sicher, wir könnten fliegen, sagte sie dann. Aber vermutlich würden uns ihre Angehörigen nicht empfangen. Nicht gemeinsam. Nicht ohne Ring. Eine japanische Familie sei etwas Intimes, so verletzlich wie ein Herz, und wer lässt schon gern jemanden in sein Innerstes, der nicht bleibt?

Nun war es so weit. Wir hatten vor vierzehn Tagen geheiratet, an einem 4. Juni, und in den kommenden viereinhalb Wochen standen uns vier Zusammenkünfte mit vier Zweigen der Verwandtschaft bevor, um unsere Hochzeit nachzufeiern. Vier Jahre hatte mich Natsumi darauf vorbereitet, und doch war mir so, als wüsste ich gar nichts über dieses Land. Ich wusste aber, dass die Vier im japanischen Aberglauben für den Tod steht, und wenn er irgendwo auf dieser Welt zu Hause war, dann wohnte er hier, in diesem Lokal.

Als sich die Schiebetür öffnete, schnellten die Leute dahinter von ihren halbhohen Stühlen auf. Japanisches, gesittetes Chaos: Es ist laut und exzentrisch, doch so rasch es anschwillt, beruhigt es sich auch wieder. Es wirkt konfus, aber wer sich mitten hineinbegibt, stellt fest, dass es einer inneren Ordnung folgt. Unsichtbare Fäden zogen mich durch das papierene, gedämpft beleuchtete Separee wie eine Figur in einem sorgsam einstudierten Schattenspiel. Natsumi dirigierte mich von Person zu Person, sie fragte, antwortete, scherzte für mich, und hin und wieder streute ich ein *Hajimemashite* ein – «Schön, Sie kennenzulernen» –, womit mein Repertoire weitgehend erschöpft war. Ich hatte mir vor dem Abflug einige Floskeln parat gelegt, doch sie reichten leidlich, um das Essen zu loben und später nach dem Weg um die Ecke zu fragen, wenn es mir auch wenig half, weil ich die Antwort nicht verstand.

Natsumi war ohnehin dagegen, dass ich Japanisch lernte. Es sei ihre Geheimsprache, hatte sie mich einmal wissen lassen. Darin kläre sie die wirklich wichtigen Dinge mit ihrer Mutter, die sonst niemanden etwas angingen. Gelegentlich führte das zu Situationen, in denen ich merkwürdig apathisch neben den beiden saß und ein Schulterzucken mit ihrem Vater teilte, der nur reagierte, wenn sie ihn wieder *Hage-san* nannten, Herrn Glatzkopf – obwohl er doch noch einige Haare besaß, dichtere an den Seiten, dünnere oben auf dem Haupt. Es war keine Frage, dass sich die Frauen über uns lustig machten, und dennoch liebte ich es, wenn Natsumi Japanisch redete. Dann sprach sie plötzlich mit einer anderen, zarteren Stimme, in einem fremden, aber süßen Ton und einer ungewohnten, viel helleren Lage. In diesen Augenblicken erlebte ich sie neu, und hier, umringt von ihren Verwandten, war es noch mehr als das. Es fühlte sich an, als würde ich sie zurück in das Element geben, in dem sie atmen konnte. *Mi* bedeutet Schönheit, und *natsu* steht für den japanischen Sommer, der für uns in diesem engen, fensterlosen Zimmer begann.

Natsumi machte mich zunächst mit einer Dame bekannt, die sich so sehr darüber zu freuen schien, dass unter ihrer feinen, pergamentenen Haut ein bläuliches Äderchen hervortrat. Es zeichnete sich für Sekunden auf ihrer Schläfe ab, um dann, wie auf Kommando, wieder zu verschwinden. Sie war allein zu diesem Treffen erschienen, denn ihr Ehemann, Natsumis Onkel, war vor einiger Zeit verschieden, lange bevor die Psychologie den Begriff «Burnout» entdeckte. Er hatte sich so sehr der Arbeit hingegeben, dass sie ihn eines Tages mit Haut und Haaren verschlang. Der Onkel sei in seinem Unternehmen rasant aufgestiegen, hatte Natsumi erzählt, bis in die Dependance in New York. Seine Dienstreisen führten ihn sogar ab und an nach Europa, doch nie habe er Zeit gefunden, die Angehörigen dort zu treffen. Bis auf ein einziges Mal, wenige Wochen bevor er im Lift der Firmenzentrale einen Schlaganfall erlitt. Dieser erste und letzte Besuch sei wie ein Abschied gewesen, und vielleicht sah mancher darin ein Zeichen des Schicksals.

Der Verstorbene hatte einen Sohn hinterlassen, der sich mit Frau und Kind zu unserer Linken setzte. Natsumis Cousin legte sein Jackett nicht ab, obwohl die Sonne stundenlang auf dem Dach gebrannt haben musste und der gebrechliche Luftumwälzer, der müde in den Raum atmete, kaum Milderung brachte. Er arbeitete in einem Großkonzern, der weltweit mit Ramennudeln handelte und ihn heute nur entbehren konnte, weil Samstag war. Ansonsten gewähre man ihm vier freie Tage im Jahr, übersetzte Natsumi, und er schien diese wenigen Stunden ohne Klage hinzunehmen. In der Firma habe jeder seinen Platz, und wenn er fehle, wisse niemand, wie seine Tätigkeiten zu erledigen seien. «Es gibt keine Vertretung für mich», sagte er und tippte sich mit einem Finger auf die Nase, ganz leicht, als sei es ihm unangenehm, so viel über sich selbst zu reden. «Letztes Jahr sind wir aber verreist», deutete er auf seine Gattin, die vor dem Lokal auf uns gewartet hatte, und seinen Sohn, der gerade am Kopfende des Tisches ein liebevoll verschnürtes Päckchen öffnete. Drei Tage Bali an einem verlängerten Wochenende.

Bei grünem Tee und einer Auswahl an Wachskürbis, Ziermais und gesalzenen, unreifen Sojabohnen begannen wir ein Gespräch unter Männern. Es brauchte jedoch weibliche Fürsorge, um mich darauf aufmerksam zu machen, dass ich der Einzige von uns beiden war, der redete. Was Natsumi meinte, dämmerte mir, als ich den Augenkontakt zu ihrem Cousin für ein Nippen an der Tasse löste und mich seiner Schwester zuwandte, die uns gegenübersaß. Der Cousin nutzte die Chance, das Separee unauffällig zu verlassen, um das Bad aufzusuchen oder zu rauchen. Wer sollte denn ahnen, dass er zwar Jahre in Manhattan verbracht hatte, aber dennoch kaum Englisch verstand? Die Schwester hingegen, Natsumis Cousine, zeigte sich redefreudiger. Sie hatte in London studiert und war in der Niederlassung eines amerikanischen Pharmakonzerns angestellt, der ihr immerhin einen fünften Urlaubstag gönnte. «Unsere Arbeitsverhältnisse passen sich immer mehr dem Westen an», sagte sie, beinahe entschuldigend. Es tue sich etwas in Japan. «Man darf auch nicht vergessen, dass es hier wesentlich mehr Feiertage gibt als im Westen.»

Während eine der beiden Bedienungen links von mir unter den Tisch kroch, wo sie versuchte, den Schlauch eines Gaskochers mit einem Anschluss über der Fußleiste zu verbinden, rang ich mit mir selbst. Ob es wohl auch angebracht war zu erwähnen, womit ich mein Geld verdiente? Das Reisen? Das Abenteuer? «Flieg um die Welt», hatte Natsumi immer gesagt, «verschwinde, solange wir keine Kinder haben!», und wie oft war ich allein in eine Maschine gestiegen, um ohne Kopf wieder herauszufallen, die Gangway hinab, in einen Bus, eine Bahn, ein Taxi, ein Hotel und bloß in ein Bett. Hundertmal hatte ich danach wach gelegen, hundert Vorhänge beiseitegeschoben und in das erste Kapitel einer ungeschriebenen Geschichte geblickt. Die tausend Vögel über den Dächern von Taschkent. Der Bananenmond über dem Berg, der in der Südsee trieb. Die Dschinn, die über das Grüne Meer kamen und durch die Wüste Arabiens irrlichterten, auf der Jagd nach einem Beduinenkind. Doch seit ich Natsumi kannte, tat es plötzlich weh, unterwegs zu sein. Keines der Erlebnisse konnte das ersetzen, was mir fehlte.

Nun reisten wir endlich vereint. Natsumi hatte Japan viel zu lange vermisst. Sie freute sich auf den Lichterrausch der Metropolen, doch es zog sie auch an Orte, die nicht vom Neon beschienen werden. Zum ersten Mal hatte sie Gelegenheit, das Land ihrer Mutter ausgiebig zu erkunden, von Hokkaidō im Norden bis zur Vulkaninsel Kyūshū ganz im Süden. Ich selbst kannte das Nachtleben von Tokyo, aber nicht viel mehr. Eine ganze Weile bevor ich Natsumi begegnet war, hatte man mich für eine Story hierhergeschickt, und diese Tage ließen mich damals genauso verstört wie verzaubert zurück. Auf der einhundertundersten Reise erwartete mich ein Land wie ein Rätsel, so fremd und doch, auf eine Weise, anziehend wie kein zweites.

«Nein, nein», das mit der Schriftstellerei sei nicht wichtig, solange sich keiner der Angehörigen danach erkundige, gab mir Natsumi zu verstehen, und um es vorwegzunehmen: Niemand schien mehr darüber wissen zu wollen, denn in der Neugier liegt auch etwas Obszönes. Nur das Söhnchen am Tischende quälte sich mit einer Frage, die man mir schließlich übersetzte. Der Junge hatte einen kleinen Globus geschenkt bekommen und erfahren, dass ich auf der Rückseite der Erdkugel wohne. Dort, wo die Sonne, die in Japan geboren wird, untergeht.

«Was macht ihr denn so in eurem Land?», wunderte er sich, und als das Kichern nachließ, das er mit diesem weitreichenden Interesse ausgelöst hatte, sagte ich mir: Wir arbeiten, wir essen, wir warten auf den Sommer, der niemals kommt. Ich sprach es nicht aus, weil es genauso obszön wäre, die eigene Heimat schlechtzureden. «Was machst *du* denn so in deinem Land?», gab ich zurück, und der Fünfjährige zögerte nicht lange. Er hob seine Händchen hoch über den Kopf, bis seine Arme einen Kreis bildeten. «Ballett», erklärte die Mutter, «Daichi tanzt Ballett.» Der Junge sei noch etwas zu zart für Fuß- oder Baseball, sagte sie, und bald darauf hielt ich ein Foto in Händen, das den grinsenden, Strumpfhosen tragenden Daichi tatsächlich im Grand Plié zeigte.

Während das Bild durch die Reihen wanderte, überlegte ich, ob sich unsere Sitzordnung ergeben hatte oder von langer Hand geplant worden war. Was wurde auf dieser Seite der Welt überhaupt dem Zufall überlassen? In Natsumis Familie zumindest nichts, und so waren wir in einem diplomatischen Corps angereist. Ihre Eltern begleiteten unsere Flitterwochen wie Delegierte. Die zwei waren am selben Junitag in die Lüfte gestiegen wie wir, im selben Wind, der über dieselbe Rollbahn strich, aber in einem anderen Flugzeug, und so hatten sie Tokyo wenige Stunden nach uns erreicht. Unter keinen Umständen mochte Natsumis Mutter Seite an Seite mit uns abheben, um dann Hand in Hand abzustürzen. Murphys Gesetz wäre keines, wenn es nicht hin und wieder richtigläge, und im misslichsten Falle hätte das Schicksal eine ganze Sippenlinie ausgelöscht.

Das mag eigenartig klingen, und so ging es weiter. Obwohl wir in Tokyo unter einem Dach wohnten, waren wir den Eltern bis vor diesem Abend noch nicht begegnet. Kein einziges Mal, seit wir Fuß auf japanischen Boden gesetzt hatten. Es war gespenstisch. Wir wussten zwar, dass sie ihr Zimmer nur wenige Stockwerke unter uns bezogen hatten, aber wir hörten und sahen nichts von ihnen. Wollten sie sich höflich in Zurückhaltung üben? Eher hatte ihnen Natsumi die Grenzen aufgezeigt, als sie herausfinden musste, dass die beiden ein und dasselbe Hotel gebucht hatten. Aus «logistischen Gründen», wie die Mutter sagte.

Meine japanische Schwiegermutter heißt Katsumi, die Schönheit des Sieges. Ein Attribut, das man ihr vermutlich aus Trotz gegeben hat, Jahre nach der Kapitulation des Kaiserreichs. Es scheint sie zu verfolgen. Als sie nach Deutschland kam, um die Sprache zu studieren, begegnete sie bald einem älteren Herrn, der sie wie eine Verbündete aus Achsenzeiten begrüßte. «Und nächstes Mal ziehen wir ohne die Italiener in den Krieg!», rief er. Vermutlich hat Katsumi-san in jener Minute höflich gelächelt und innerlich den Lockenkopf geschüttelt. Was auch geschah, ich habe sie immer freundlich erlebt. Liebenswert freundlich. Freundlich verlegen. Überschwänglich freundlich. Katsumi-san kann summend und tanzend auf ihren Pantoffeln zwischen Küche und Esszimmer hin- und hersausen und den Tisch über und über mit Wundern bedecken. «Tabe, tabe!», ruft sie dann, «iss, iss!», um danach freundlich süffisant zu erklären, dass der, der zu viel isst und trinkt, früher stirbt. Sie kann aber genauso in freundlicher Zurückhaltung lauern und, wenn es nötig ist, freundliche Worte wie giftige Pfeile verschießen. Ihr deutscher Ehemann hingegen wirkt, als habe er sich ganz dem Zen-Buddhismus verschrieben. Er lässt die Dinge geschehen und zieht sich dann und wann in sein Zauberzimmer zurück, einen heimeligen Raum voller Bücher, die ihn in die Ferne reisen lassen. Manchmal sehe ich in den beiden eine ältere Version von Natsumi und mir.

Unserem Abend war so mancher Brief und so manches Telefonat zwischen den Kontinenten vorausgegangen. Meine Schwiegermutter hatte das Hotel kontaktiert und um ein

Zimmer gebeten, das so weit wie möglich von unserem entfernt lag. Vor allem aber tauschte sie sich mit den Verwandten über Essgewohnheiten, Intoleranzen und Allergien aus. Die Wahl fiel letztlich auf dieses Restaurant, weil es für sein Sukiyaki bekannt ist, eine so einfache wie traditionelle Delikatesse der japanischen Küche. Den Westlern zuliebe entschied man sich gegen ein klassisches Tatamizimmer, in dem wir uns auf gebundene Matten aus Stroh gekniet und irgendwann unsere Gelenke verflucht hätten. So kam ich zu dem Schluss, dass auch die Sitzordnung wohlüberlegt sein musste. Sicher doch, nickte Katsumi-san, ohne preiszugeben, ob sie es ernst meinte oder nicht. Unsere Tafel sei nach Rang, Alter und Zunge geordnet: die Silberlocken am Kopfende, die Jüngeren und Jüngsten ganz außen und wir, das Brautpaar, in der Mitte, umgeben von Personen, mit denen wir mindestens eine Sprache teilten.

Sukiyaki allerdings ist ein heimtückisches Gericht für einen Abend, der unter einer gewissen Spannung steht. Zwar war das magere, hauchdünn filetierte Rind durchaus zart, doch konnte es fordernd sein, eines der dreißig Zentimeter langen Stücke aus einer Schale an den Mund zu führen, flink und sauber abzubeißen, es gleichzeitig mit den Stäbchen festzuhalten und elegant zurück in das rohe, verrührte Ei zu legen, in dem das Fleisch lediglich mit drei Zwiebeln badete. Ich sorgte mich, mein Hemd oder die papierenen Wände zu ruinieren, dachte dabei aber weniger an die Familie, sondern vor allem an die beiden Frauen, die stoisch an unserer Tafel knieten. Waren es Kellnerinnen? Waren es Köchinnen? Das hohe Zeremoniell, mit dem sie das Fleisch für Sekunden in siedendem Wasser brühten, um es wiegend abtropfen zu lassen und in derselben Bewegung zu servieren, erhob das Kochen zu einer Performance und sie selbst zu Künstlerinnen. «Wünschen Sie, dass ich im nächsten Gang etwas ändere?», ließ eine von ihnen fragen. Meine Reaktion nahm sie mit einer hochgezogenen Braue zur Kenntnis, und ich überlegte, ob ich sie mit meiner Bitte nach etwas Schärfe beleidigt hatte.

Katsumi-san, die Schönheit des Sieges, gab sich weit weniger schüchtern. Angesichts der Preise in diesem Laden sei das Essen doch eher *mā-mā desu*, urteilte sie, durchschnittlich. Man bezahle wohl in erster Linie für die steinalten Weiber im Kimono, kommentierte sie, als die beiden das Separee verlassen hatten, um die Nachspeise vorzubereiten. Niemand wollte widersprechen.

«Weißt du, wir haben eine sehr ungewöhnliche Tante», lachte die Cousine, «weil sie sagt, was sie denkt. Ist sie in Deutschland auch so witzig?»

«Katsumi-san, warum tragt ihr eigentlich keinen Ehering?», warf der Cousin ein, und sie höhnte, dass sie sich mit so einem Ding wie ein Hund am Halsband fühlen würde. Zu unser aller Erstaunen fiel auch ihrem Mann eine Erklärung ein, obwohl er doch angeblich genauso wenig von der Landessprache verstand wie ich. Er verlor nur drei kleine Worte, *okane ga nai*, doch die genügten anscheinend, um eine Pointe zu landen.

«Was hat er gesagt?», fragte ich Natsumi.

«Kein Geld», übersetzte sie.

«Also dafür, dass du kein Japanisch sprichst», flachste der Cousin, «hast du deine Antwort erstklassig auf den Punkt gebracht.»

Wie könnte ich die Runde vergessen, die sich nach dem Dessert um unsere Hochzeitsfotos scharte. Die Blicke der

Verwandten schwirrten über die Abzüge wie Lichter über die Tanzfläche. Unsere Bilder wirkten auf sie so fremd, dass nun unversehens hundert Fragen aufkamen: Wer ist deine Mutter, wer ist dein Vater, was hat deine Großmutter so jung gehalten, und weißt du eigentlich, dass alles an eurem Fest so sehr an Downton Abbey erinnert? Währenddessen achtete Katsumi-san darauf, dass die Angehörigen keine der Aufnahmen zu sehen bekamen, auf denen ich ihre Tochter küsste. In einer Kultur, die sich körperlos begegnet, kann schon eine gehaltene Hand zu viel sein, selbst in der Intimität eines Trauzimmers.

Vier Stunden waren verflogen, und wenn ich mich recht erinnere, hatten die Dienerinnen vier Gänge in vier verschiedenen Schalen und Schälchen serviert. Ich war in dieses Land gekommen, um ein wenig mehr von ihm zu verstehen, und die erste Lektion besagte, dass die Vier nicht immer nur Tod und Verderben bringen muss. Sie kann auch großes Glück bedeuten. In einem Zimmer ohne Tageslicht, ohne jedes Gefühl für die Zeit, hatten wir die äußere Welt verlassen und eine zweite, innigere betreten. Während Katsumi-san und die Witwe das Separee verließen und gleich hinter der Papiertür nach alter Sitte lautstark darum stritten, wer die Rechnung begleichen würde, besiegelten wir das Treffen mit guten Gaben. Wir reichten Kaffeebohnen aus Hamburg, Marzipan aus Lübeck, gedörrte Apfelscheiben aus Hollern-Twielenfleth im Alten Land und einiges mehr, um dann viel zu viel von der anderen Seite zu empfangen.

Der Cousin legte auf diese Tradition besonderen Wert. Obwohl er mich kaum kannte, beugte er sich weit über die Tafel, um mir eines seiner Geschenke persönlich zu übergeben. Er fixierte mich durch seine Brille, schloss die Lider und verließ sich ganz auf den Eindruck der Schachtel, deren Äußeres so kostbar erschien, dass ich sie kaum berühren mochte. Manche Aufmerksamkeiten sind stärker als jedes Wort. Man nimmt sie mit beiden Händen entgegen, bedankt sich für die Geste, gern dankt man ein zweites oder drittes Mal, um sie dann einfach wirken zu lassen. Verpackt, verhüllt und kunstvoll umwickelt, versinken die Präsente in den Taschen, um jegliche Irritation zu vermeiden, einen Wertevergleich, eine ungebührliche Freude oder ein geheucheltes Lächeln. Wie hätte der Cousin dagestanden, hätte mir sein Geschenk nicht gefallen?

Auf dem Straßenpflaster wetteiferten wir um die tiefste Verbeugung, der Abend leuchtete orangerot, und ich wollte all die Leute umarmen – doch zu viel westliche Nähe hätte das Treffen wohl ruiniert. Sie blieben so lange vor dem Eingang des Lokals stehen, bis wir um die Häuserecke gebogen waren, und immer wenn ich mich nach ihnen umsah, verneigten sie sich erneut in der Ferne.

Die Päckchen öffneten wir noch in derselben Nacht, und jedes von ihnen hütete einen Schatz. Im ersten fand sich ein Rahmen mit goldenen Beschlägen. Das zweite enthielt lackierte Essstäbchen und dreieckige, perlmuttbesetzte Stäbchenhalter mit porzellanweißen Spitzen, die an die schneebedeckte Kuppe des Fuji-san erinnerten. Das Dritte brachte ein Schmuckkästchen zum Vorschein, und als ich den Deckel hob, ließ es dasselbe Lied erklingen, das gerade in meinem Inneren spielte.

«Ist gut», sagte Natsumi, «jetzt kannst du das Ding auch langsam wieder zuklappen.»

ROBOTO, ROBOTO

IM TAUMEL DER MILLIONENSTADT

Ich würde nicht sagen, dass ich neben mir stand, als ich tags darauf nicht mehr wollte. Neben mir war gar kein Platz. Es fühlte sich eher so an, als würde ich in einer düsteren Wolke über mir schweben, und nun blickte ich auf mich selbst, wie ich mitten im belebtesten Bahnhof der Welt stehen blieb und dem Leben seinen Lauf ließ – möge es doch bitte ohne mich weiterrennen. Die Vernunft setzte aus, und ein Trotz, der lange überwunden schien, setzte wieder ein. Ich war es leid, durch fiebrige Metrostationen zu hetzen, die bei jedem Umsteigen enger wirkten, brütend wie Heizungsschächte. Immer stur den Kolonnen nach, links, rechts, den Pfeilen auf den Treppenstufen folgen, auf, ab, den Wegweisern an den Decken gehorchen, rechts, links, Tempo, Tempo, bis zum Tilt.

Das Leben zeigte sich davon wenig beeindruckt. War ich eben noch mitgeschwommen, so teilten sich die Ströme jetzt und flossen um mich herum. Wobei ich mir nicht sicher war, ob sie sich von allein bewegten oder von etwas anderem gelenkt wurden – die Gesichter, die vorbeiwischten, die Mundschutzmasken, die Halbarmhemden, die Bügelfalten, die knielangen Röcke, die klackernden schwarzen Lederabsätze. Zehntausend Zehen wechseln im Bahnhof Shinjuku den Zug, pro Sekunde, hunderttausend Herzen schlagen in ihm, jede Stunde, und bei all den Seelen, die ihn an diesem Tag durchgeisterten, und all den Lungen, die seine Luft atmeten, war Shinjuku längst selbst zum Leben erwacht. Wie ein Muskel pumpte er die Körper und Körperchen in Adern und Kapillaren, hinein in seine Kammern, hinaus in einen endlosen Kreislauf, Runde für Runde dasselbe Spiel.

Das Tokyoter Schienennetz ist verwickelt und verschlungen und von einem wie mir, der an seinem Jetlag litt, schwer zu entwirren. Die moosgrüne Chiyoda-Linie sollte nicht mit der blattgrünen Shinjuku-Linie oder der maigrünen Namboku-Linie verwechselt werden. Schon gar nicht mit der pfefferminzgrünen Rinkai-Linie eines zweiten, konkurrierenden Bahnunternehmens. Manche Züge halten nicht an jeder Station, andere schon vor dem Ende der Strecke, wieder andere gehorchen einem dritten Anbieter, das heißt: Raus aus der Ticketzone, durch die Schranke, rüber in ein weiteres Labyrinth, durch eine zweite Schranke und hinein in die nächste feuchtwarme Halle der fliegenden Füße.

Sich da ziellos treiben zu lassen ist eine genauso schlechte Idee, wie einfach stillzustehen, durchzuatmen und zu meinen, man sei ein Individuum. «Du merkst schon, dass du den Leuten im Weg bist?» Natsumi griff nach meinem Arm und zog mich beherzt zurück in den Fluss. Sie verfügt über eine Gelassenheit, die mir ganz und gar fehlt, und mit dieser stoischen Ruhe bewegte sie sich durch die Massen, als würde sie durch die verdammte Matrix gleiten. Was blieb mir da anderes übrig, als am Zipfel ihres Sommerkleids zu hängen, auch wenn ich mir unser japanisches Abenteuer anders vorgestellt hatte. Man könnte es demütigend nennen, doch sagen wir besser, es war eine erdende Erfahrung für jemanden, der jahrelang um die Welt gereist ist. Ich war zu Fuß über die Alpen marschiert, hatte mit Haien getaucht und den entsetzlichsten Taifun erlebt, der je über die Insel Taiwan hinweggefegt war. Nun aber nützte mir das alles nichts. Ich musste mir eingestehen, dass es nur Zeit kostete, wenn ich versuchte, unseren Weg wie ein Desperado zu finden, und Zeit hatten wir nicht.

Zwar stand uns ein ganzer Monat in Japan bevor, doch Natsumi hatte uns um acht in der Frühe wecken lassen. «Wir sind nicht hierhergekommen, um zu schlafen, Honeymoon hin oder her», sagte sie und zog mir die Bettdecke weg. Obendrein hätten wir in Tokyo noch nichts erlebt, nichts außer einer erschöpfenden Sitzung mit ihren Verwandten. Da mochte sie recht haben, aber acht war bedauerlicherweise exakt die Stunde, zu der ich überhaupt erst in den Schlaf fand. Davor hatte ich auf der Bettkante gesessen und durch unser Hotelfenster auf eine Stadt geblickt, die vor keinem Horizont haltmachte und im Takt roter und silberner Nachtlichter funkelte.

Um den Jetlag zu besiegen, soll man möglichst breit in die Sonne grinsen. Mein Medizinmann hat mir dazu geraten. Wenn es um Endorphine gehe, sagte er einmal, sei keine andere Hautpartie so spendabel wie das Zahnfleisch. Die Glückshormone würden in Windeseile ausgeschüttet und aus der Mundhöhle direkt ins Hirn geschossen. Tokyo zu entdecken bedeutet jedoch, kreuz und quer durch ein

Reich aus Schatten zu kriechen und den Himmel zu vermissen. Dabei verging mir allmählich das Lachen. Weil ich unsere Ehe aber nicht schon in den ersten Tagen riskieren wollte, folgte ich meiner Reiseleiterin artig durch die Unterwelt. Und wenn sie mal wieder irgendwen in der Geheimsprache dieses Landes um Auskunft bat – einen Polizisten, eine Krapfenverkäuferin, einen Prospektverteiler im Pandakostüm –, war ich derjenige, der einen halben Meter hinter ihr blieb und wenigstens versuchte, ein gefälliges Gesicht zu ziehen.

Natsumi war sich für diese Art der Navigation nicht zu schade. Unsere wenigen Tage in dieser Stadt erschienen ihr viel zu wertvoll, um sie mit Eitelkeiten zu verschwenden. So ist sie, und so verliebte ich mich in sie. Wir waren gerade ein Paar geworden, da lief ich einem Handleser über den Weg, der ein leichtes Opfer in mir fand. «Sieh an, du hast ein Mädchen kennengelernt», sagte der Alte vergnügt, ohne dass er irgendetwas darüber wissen konnte. Doch kaum hatte er mir einen Schein abgeknöpft und meine Herzlinie genauer betrachtet, ließ er Hand und Lachen fallen. Nur den Schein hielt er fest umschlossen. «Herr im Himmel, ist das Weib rational!», knurrte er, und dieses «rational» klang wie eine Warnung, beinahe wie ein Fluch. Kann «rational» lieben, dachte ich mir, würde «rational» an einem Strand unter Sternen übernachten?

Meine Frau wird niemals an Seher und Wünschelruten glauben. Die Propheten ihrer Religion heißen Logik und Pragmatismus. Natsumi vertraut allein in die Macht der Zahlen. Sie arbeitet mit ihnen, sie lebt mit ihnen, sie hat sie domestiziert, und dennoch bin ich fest davon überzeugt, dass uns höhere Kräfte zusammengebracht haben. Ich war von einer Reise entlang der kalifornischen Küste zurückgekehrt und wollte einen Schulfreund zum Lunch abholen, der immer etwas Kreatives im Sinn gehabt hatte, nun aber sehr viel Geld verdiente. Als ich die Empfangshalle der Hamburger Privatbank betrat, in der er auf mich wartete, begann es so stark zu regnen, dass uns der Schauer in der gläsernen Lobby einschloss. Und plötzlich stand ich ihr gegenüber, einer Controllerin im nachtschwarzen Businesskleid, die untertags Risiken, Renditen und Cashflows berechnete wie ein Orakel, das sich auf statistische Erhebungen stützt. Ihre linke, fliehende Pupille hatte es mir angetan. Dieser minimale Silberblick, der bei manchen Asiatinnen süß wirkt und anderen ein so erotisches Charisma verleiht. Natsumi vereinte beides, was mich besorgte, denn zu allem Unglück schien sie auch noch klug zu sein.

Dass sie pragmatischer ist, als ich es mir jemals vorstellen konnte, dämmerte mir wenige Wochen später. Unser erstes gemeinsames Weihnachtsfest nahte, und als ich sie in der Adventszeit fragte, worüber sie sich freuen würde, entdeckte ich bald eine elektronisch erstellte Tabelle in meinem Postfach. Sie war offenbar vor einiger Zeit angelegt, regelmäßig aufgefrischt und gewissenhaft gepflegt worden. Natsumi hatte darin jede Geschenkidee verzeichnet, die ihr in den Sinn gekommen war. Sauber alphabetisch geordnet und farblich markiert nach Preiskategorien: null bis zehn Euro, zehn bis fünfundzwanzig Euro, fünfundzwanzig bis fünfzig Euro. Weil das mit uns zwar ernst, aber noch so frisch sei, empfahl sie mir Preiskategorie zwei, Misoschälchen oder eine Zitronenpresse. Es war der ungewöhnlichste, zweckmäßigste, aber rührendste Wunschzettel, den ich je gesehen hatte. Ich schenkte ihr einen knallbunten Sonnenschirm, den kitschigsten, den ich auftreiben konnte, und warf die Liste weg. Bis heute gefällt es mir, Brausepulver über ihre Zahlenwelten zu streuen, was wohl der Grund sein mag, warum sie sich irgendwann für mich entschieden hat. Rational betrachtet, hätte sie einen Investmentbanker heiraten sollen.

Wir hatten uns lange genug durch den Bahnhof Shinjuku bewegt und letztlich unseren Anschlusszug gefunden, da bemerkte Natsumi, dass es der falsche war. Präziser gesagt: Wir befanden uns auf der falschen Seite der Gleise und waren kurz davor, in die falsche Richtung zu fahren. Hin und wieder ist es beruhigend, dass auch meiner rationalen Hälfte Fehler unterlaufen, und so konnte ich endlich wieder lächeln. Natsumi aber fühlte sich herausgefordert. Ihr Ehrgeiz war erwacht und rüttelte auch das Controllerherz aus dem Schlaf. Weil wir unser Ticket bereits entwertet hatten und Natsumi nicht daran dachte, doppelt zu bezahlen, schickte sie sich an, mit einem Bahnangestellten zu verhandeln. Noch bevor sie ihn ansprechen konnte, schien der sich vielmals zu entschuldigen, als habe er den Irrweg selbst verursacht, und überreichte ihr zwei rote Karten. Je nach Sichtweise hätte man sie «Wildcards» oder «Idiotenscheine» nennen können, aber sie waren ohne jeden Zweifel nützlich. Wir wechselten auf die andere Seite der Gleise, übergaben sie dem dortigen Uniformträger an der Ticketkontrolle, und voilà: Natsumi hatte ihr kleines Versehen souverän und ohne wirtschaftlichen Schaden korrigiert. «Siehst du», sagte sie und stieß mir zufrieden den Ellenbogen in die Seite, «deine Ehefrau hat immer recht.»

Müsste Natsumi die Minute beschreiben, in der wir endlich wieder frische Luft atmeten, würde sie sagen: Wir gingen raus, es regnete, und es war nichts los. Ich selbst fühlte mich, als sei ich ein zweites Mal auf die Welt gekommen. Die Metro war einen Kilometer gefahren, nicht viel weiter, aber auf dieser Strecke hatte das Setting von «Bladerunner» zu «Mord im Orient-Express» gewechselt. Wir verließen einen verträumten kaiserlichen Bahnhof mit Giebeldach, Fachwerkelementen und einem Türmchen obendrauf, der vor hundert Jahren eröffnet worden war und immer noch rege genutzt wurde, als habe man einfach vergessen, ihn zu schließen. Er lag halb im Grünen und halb im Grauen. Auf der einen Seite schmiegte er sich an dreißig Meter hohe Ginkgobäume, von der anderen näherte sich unaufhaltsam die Stadt, deren Planer gerade darüber diskutierten, ob man Harajuku Station, diesen schönsten und ältesten Bahnhof Tokyos, vor den kommenden Olympischen Spielen modernisieren oder abreißen sollte.

Der hauchfeine Regen bescherte eine gnädige, unaufdringliche Wärme, der süße Sommerwind fuhr über die Tropfen auf der Haut, aber ja, Natsumi hatte auch diesmal recht: Es herrschte tote Hose, und zwar nicht nur, weil es schiffte. Es konnte auch nicht daran liegen, dass Sonntag war, dachte man an die Hunderttausenden, die sich in der U-Bahn drängten. Außerdem sollte heute auf der Jingū-bashi, der breiten, steinernen Brücke zwischen Grün und Grau, besonders viel Trubel sein. So beteuerte es jeder Reiseführer, und so fischte ich es auch aus meiner Erinnerung: Harajuku Station, *das* Highlight für Sonntagsausflügler. Doch stattdessen stießen wir dort nur auf einen

Bettelmönch und ein junges Mädchen mit Krücken, das auf ein Taxi wartete.

Genau hier war ich vor einigen Jahren einem erwachsenen Mann im Tutu begegnet. Damals sollte ich über die skurrilen Eskapaden der Metropole berichten, und man hatte mir für die Recherche drei Tage gegeben. Drei Tage, um eine Frage zu beantworten, die den modernen Menschen bewegt wie die ewige Suche nach dem Sinn des Seins: «Sind Japaner verrückt?» Der Verkleidete hatte sich eine enorme kirschfarbene Schleife auf den Kahlkopf geklebt, leckte wie ein Kleinkind an einem Spirallutscher, begrüßte mich mit einem Knicks und kreischte ein hysterisches, Looping drehendes «Hellooo!», als ich ihn fotografierte, und immer wieder «Hellooohooo!».

Ich gebe zu, es war nicht meine beste Story. Wie hätte ich in zweiundsiebzig Stunden auch nur eine der Subkulturen verstehen sollen, die diese Stadt hervorgebracht hatte? Die Lolitas, die rechts und links des Mannes in Rüschenkleidern posierten, mussten mitten in der Nacht damit begonnen haben, sich die Wangen zu schminken und Rouge aufzulegen. Manche hatten versucht, ihre Lider mit Klebestreifen zu fixieren, um die Augen optisch zu vergrößern, und weil sie kaum noch blinzeln konnten, wirkten sie wie seltsam empfindungslose, zum Leben erweckte Porzellanpuppen. Andere trugen Elfenohren, die spitz aus türkisgrünen Perücken hervorstachen, und hatten sich anscheinend auf wundersame Weise aus einem Videospiel befreit. Weniger aufsehenerregend kam der Look der Emo-Kids daher, die im Halbkreis an der Brückenmauer gammelten wie ein einziger trauerschwarzer Fleck aus verlaufenem

Mascara und finsteren Gedanken. «Das Ende ist nah!», verhießen die Löcher in ihren Strumpfhosen, während sich die Piercings in den hängenden, missgelaunten Teenielippen nach jemandem sehnten, der sie küsste.

Die Leute konnten ihre Welt nicht ändern, also veränderten sie sich selbst. Der Stress, dieser außerordentliche Druck, der Japan regiert, die Regeln, die Verbote, der Versuch, sowohl der alten als auch der neuen Zeit gerecht zu werden, all das suchte sich ein Ventil. So tranken wohl manche Tokyoter ein Feierabendbier zu viel, bis aus Stoikern Exzentriker wurden, andere übten sich im Schattenboxen, um ihre Dämonen zu besiegen, und wieder andere zogen eben nach Harajuku und schlüpften in die Rolle eines Avatars, brav bis zum späten Nachmittag, um gleich am Montagmorgen wieder in der Anonymität zu verschwinden. Diese wenigen Stunden der Flucht begründeten eine weltweite Szene, die Cosplay-Bewegung. Harajuku ist der magische Quell der Zauberer und Zwerge, der Orks und Waldläufer, jener kostümierten Rollenspieler, die sich mittlerweile zu Hunderten und Tausenden auf Wettkämpfen von London bis San Diego messen.

Hier auf der Brücke aber, die doch eigentlich ihre Sonntagsbühne war, blieben wir die einzigen Farbtupfer. Derweil strömten die Massen vom östlichen Ausgang des Bahnhofs in die Takeshita-dōri, eine leicht abschüssige, von Werbeschildern flankierte Einkaufsmeile. Viele Geschäfte sind in Japan sieben Tage die Woche geöffnet. Nichts gegen unseren Schöpfer und seinen heiligen Ruhetag, aber ich habe nie verstanden, warum man in Europa ausgerechnet dann die Läden schließt, wenn die meisten Leute in Spendierlaune sind.

Natsumi versuchte gar nicht erst, mich zu überreden. Exzessives Shopping kann einen ausgleichenden Effekt haben, doch bei mir bewirkt es eher das Gegenteil. Außerdem bemerkte sie, dass ich mich längst für etwas anderes interessierte. Am Straßenrand wartete eine Gruppe aus Jüngeren und Älteren, die zu allem bereit schien, aber von allen ignoriert wurde, als sei sie gar nicht da. «We can help you!», stand auf den Zetteln geschrieben, die sich die Leute vor die Brust hielten, und «Ask me anything!». Es seien wohl Freiwillige, nahm Natsumi an, Studenten und Pensionäre, die Englisch lernten und ein menschliches Testobjekt suchten.

«Ich darf dich alles fragen?», wollte ich von einem jungen Mann aus der Gruppe wissen, worauf sich seine Kollegen um uns scharten, um mitzuhören. «Wirklich alles?»

«Sicher», druckste er, in einer Mischung aus Vorfreude, Erwartung und Entsetzen darüber, dass ihn tatsächlich ein Ausländer angesprochen hatte. Manch anderer legte eine Hand vor den Mund und gickerte leise.

«Dann verrat mir doch bitte, wo ich die Cosplayer finde.»

«Die …?»

«Die Emos, die Animes, die Comicfiguren. Sie sollten eigentlich am Bahnhof Harajuku sein.»

«Oh, oh, oh …», stockte er und wedelte mit den Händen, als wolle er eine Fliege vertreiben, «ich weiß!» Der junge Mann hielt kurz inne, dann sah er mich schräg von der Seite an und kniff ein Auge zusammen.

«Es tut mir leid», sagte er und hob die Stimme, als hätte er selbst eine Frage, «aber die treffen sich nicht mehr.»

«Wo treffen die sich denn?»

«Ähm …», er atmete aus, «die treffen sich überhaupt

nicht mehr.» Nun fiel es auch ihm schwer, die Contenance zu wahren, während das Glucksen in der Runde zu einem respektvoll gebremsten Gackern anschwoll. «Wissen Sie, dieses Cosplay-Ding ist lange vorbei. Spielt es da, wo sie herkommen, noch eine Rolle?» Um die Situation zu retten, hielt er mir eine Liste entgegen und bat um eine Unterschrift, wohl um seinen Englischlehrern zu beweisen, dass er wirklich mit einem Ausländer kommuniziert hatte. «Gasutomang», hörte ich kurz darauf hinter mir, als die Runde versuchte, meinen Nachnamen auszusprechen, «Ga-su-to-mang!»

Ich muss ihnen wie ein Zeitreisender vorgekommen sein. Anscheinend war mein Wissen über dieses Land nicht nur lückenhaft, sondern auch antiquiert. Eine Schwäche, die ich mit all den Nippon-Handbüchern teilte, die ich auf die Reise mitgenommen hatte. Sie setzten sich auf unterschiedlichem intellektuellen Niveau mit Sitten und Verhaltensregeln in Japan auseinander. Ich hielt die Bücher für nützlich, obwohl eines davon empfahl, nonchalant darüber hinwegzusehen, sollte mal ein Tokyoter in der Metro onanieren. Nein, das sei in der Heimat der Mangas und Schulmädchenpornos keineswegs ungewöhnlich.

Natsumi war entsetzt über solche Textstellen, und so hatte sie mir geraten, die Ratgeber beiseitezulegen: «Lass das Land doch einfach auf dich wirken.» Sie konnte es nicht ausstehen, wenn sich Abendländer über die Kultur ihrer Mutter ergingen. «Ihr beschreibt uns immer wie Schimpansen», warf sie mir und meiner gesamten Zunft vor, «wie Affen im Labor. Ihr meint, ihr hättet Japan verstanden, und wenn ihr mal etwas nicht versteht, erklärt ihr gleich alle Japaner für verrückt.»

Deshalb sagte ich erst mal nichts, als wir erneut über die verwaiste Brücke spazierten, um uns nun auf der grünen Seite der Harajuku Station umzuschauen. Dort beginnt der Yoyogi-Park, und, ja, außer einem Ausländer auf Stöckelschuhen, der im Netzkleid spazieren ging, waren auch hier keine Horrorpüppchen zu sehen. Es kam noch schlimmer: Vor dem Eingang des Geländes rivalisierten die Strangers mit den Black Shadows, japanische Rockabilly-Gangs in Feinripphemden und Motorradjacken, die noch nicht mitbekommen hatten, dass Elvis gestorben war und seine Blue Suede Shoes an einem Nagel in Graceland baumelten. «Okay, das sind Affen», sagte Natsumi und sah konsterniert dabei zu, wie die Jungs ihre Luftgitarren quälten, bis die unsichtbaren Saiten zerrissen. Dazu schleuderte der gute Jerry Lee Lewis ein paar blecherne Great Balls of Fire über den Platz. «Wenn sie doch wenigstens tanzen könnten.» Natsumi vergrub ihr Gesicht in den Händen. «Traurig, aber dafür sind meine Landsleute nun wirklich nicht bekannt.» Tatsächlich fand ich den Twist der Rockabillys gar nicht so übel, auch wenn ihre abgewetzten Cowboystiefel keiner erkennbaren Choreographie folgten. Die Rockerclubs hatten Kreise gebildet, in denen sich die Solisten im Spagat auf den Asphalt warfen. Ihr Stil und ihre Haltung waren das Problem. Die kurzbeinigen Kicks in die Luft, die butterigen Kämme, mit denen sie durch ihre Einhornfrisuren fuhren, die halb aufgesetzten Sonnenbrillen, die fingerlosen schwarzen Handschuhe und die Art, wie sie schnipsten und klatschten, als probten sie für «Westside Story». Vorsichtig formuliert, wirkt ein auftoupierter Asiate in Leder ähnlich authentisch wie eine schwäbische Hausfrau als Pokémon.

Wir zogen tiefer in den Yoyogi, bis die Musik verstummte. Wenige hundert Meter genügten, um mit einem Mal ganz allein zu sein. Da standen wir, im Innenhof des Meiji-Schreins, umgeben von geschwungenen Kupferdächern, bis in den Himmel reichenden Torii, den Eingangstoren, und einhundertzwanzigtausend Bäumen aus dreihundertfünfundsechzig Arten, eine für jeden Tag. So war unser Tokyo: Plattenbauten wechselten mit Parks, Billboards mit blinden Flecken, Anarchie mit Ordnung, Besessenheit mit Zen. Nur ein diffuses Geflecht aus Kabeln und Stromleitungen, zwischen den Mauern über die Abgründe hängend, verband dieses Bild, das dennoch, in all seinem Wirrwarr, so harmonisch wirkte. Du kannst einen Monat, ein Jahr oder ein ganzes Leben hier verbringen, dachte ich, und am Ende wirst du immer noch glauben, nichts von diesem Ort gesehen zu haben.

«Bereit für die Roboter?» Ich küsste Natsumi auf die Stirn, und sie nickte, was sie gleich darauf wieder zu bereuen schien. Sie hatte den Tag geplant, doch nun brach allmählich meine Zeit heran. Lange vor unserer Reise hatte ich Karten für eine Show besorgt, und obwohl Natsumi ununterbrochen darüber lamentierte, half sie mir doch, den Ort der Veranstaltung zu finden. «Japaner würden dort niemals hingehen!», zeterte sie noch, während wir von Harajuku, dem kleinen Bahnhof, zurück nach Shinjuku fuhren, diesem Ungeheuer, und die Station auf der Ostseite verließen. «Wir dürfen meiner Familie auf gar keinen Fall erzählen, wo wir uns herumtreiben.» Allein der Gedanke, dass wir einen Rotlichtbezirk ansteuerten, widerte Natsumi an. Dennoch willigte sie ein, in meine schmutzige japanische Vergangenheit zu reisen. Sie ist ein anständiges, aber eben auch ein neugieriges Mädchen, und wollte sie nicht etwas erleben?

Mein kurzer Tokyo-Trip lag sieben Jahre zurück, und im Laufe von sieben Jahren, heißt es, hat sich jede Zelle des Körpers einmal erneuert. Zu meiner Entschuldigung könnte ich also anbringen, dass damals ein anderer durch dieses Vergnügungsviertel gezogen ist, etwas jünger, um einiges dümmer.

Ich war der typische Gaijin, ein ahnungsloser Fremder, der über die Schranken in den U-Bahn-Stationen sprang, weil es ihm ein Rätsel war, wie er die Ticketautomaten bedienen sollte. Mir fehlte die Geduld, mich mit all den blinkenden Tasten in japanischer Schrift zu befassen. Also warf ich irgendwelche Münzen in den Automaten, bis irgendetwas aufleuchtete, und drückte irgendeinen Knopf, möge er doch endlich einen Fahrschein ausspucken, egal welchen. Mit dem Ticket näherte ich mich der Schleuse, die zum Gleis führte, und schob es dort in einen Schlitz, wie es die Tokyoter taten. Öffnete sich die Schranke, fein. Blieb sie verschlossen, weil ich die falsche Karte in Händen hielt, kletterte ich einfach über die Barriere, unmittelbar vor den Kontrolleuren. Meine Methode war radikal, aber effektiv, denn die Bahnangestellten ließen mich gewähren. Hin und wieder halfen sie mir sogar als Partner in Crime und öffneten die Schranke, obwohl sie genau wussten, dass ich gerade das Gesetz brach. Sie wussten eben auch, dass ich Ausländer war. Hätten sie mich gestoppt, hätten sie auf Englisch mit mir diskutieren müssen, und das hätte sie wohl in Verlegenheit gebracht.

Dass meine Recherche im Milieu enden würde, war abzusehen. Kabukichō, die weltbekannte Sündenmeile der Hauptstadt, besteht nur aus wenigen Straßen, servierte mir aber alles, was ich für eine schillernde Geschichte brauchte: das Neonlicht, die überdrehten Glücksspielhallen, die Hostessen und ihre männlichen Pendants, die rauchend vor den Clubs lungerten wie fernöstliche Versionen von David Bowie. Ihre wilden Haare bronzefarben, die Dandykörper in Seidenanzüge gehüllt, verkauften sie ihre Zeit, um sie anderen zu vertreiben. Dabei ging es nicht notwendigerweise um Sex. Japanische Playboys sind Entertainer und Geschichtenerzähler, Taschenspieler und Tänzer, und das Traurigste an Kabukichō sei wohl, erzählte mir jemand, dass am Ende der Nacht eine weibliche Hostess einen männlichen Host dafür bezahlen wird, ihre Einsamkeit zu teilen.

Dieser Jemand war Zak, Zak the Mac, wie er sich nannte, und ich lief ihm in der Lobby eines Love-Hotels über den Weg. Manche Menschen zeigen dir ein Bild von ihrem Porsche, wenn du sie fragst, wie es ihnen geht. Zak zeigte mir seine Mädchen. Er hatte sie ausgezogen, eingefangen und gesammelt, dort, in den Stundenzimmern, wo das Licht bläulich kühl aus dem künstlichen Himmel scheint. Auf seinen Fotos rekelten sie sich rücklings und pressten einen Daumen an ihre halb geöffneten, amethystfarbenen Lippen. Zak behauptete zwar, er würde für den «Playboy» arbeiten, aber diese Aufnahmen waren nur für ihn und sein Südstaatenego bestimmt.

«Weißt du, wie die Ladys hier drauf sind? Hast du eine Ahnung, was die da oben so treiben unter den Laken?» Zak baute sich vor mir auf und versuchte, zwei Finger in die Öffnung einer Dose Asahi-Bier zu pressen. «Double Penetration, Bukkake, das ganze Programm. Du denkst, sie sind niedlich, aber warte, bis sie sich erst mal einen beschissenen Oktopus in die Muschi geschoben haben.»

Dabei sind Love-Hotels keine Freudenhäuser. Sie existieren, weil die Wohnungen in dieser Stadt teuer und klein sind, weil ihre Wände dünn sind und weil man seinen Eltern eben nur den einen Partner vorstellt, den man auch heiratet. So braucht es manchmal eine räumliche Alternative. Was in diesen Kammern der Liebe auch geschehen mag – eine Affäre, ein Abenteuer oder nur eine kleine Flucht aus dem Alltag –, man betritt und verlässt sie gesichtslos. Das Mietgeld, das nach Stunden berechnet wird, empfangen zwei Hände, die unter einer Sichtblende hervorragen. Noch diskreter zahlt es sich in Etablissements, die über Rohrpostleitungen zwischen den Separees und der Rezeption verfügen.

«Du kannst ficken oder Karaoke singen, was auch immer du willst», erklärte Zak, während das Objektiv seiner Kamera über die digitalen Zimmernummern in der Lobby leckte. Grüne und rote Lampen zeigten freie und belegte Betten an.

«Schon mal beides gleichzeitig versucht?», erkundigte ich mich.

«Ich bin kein guter Sänger», lachte Zak. Obwohl wir keine Freunde wurden, hatte diese Nacht etwas Zauberhaftes. Auf eine Weise mochte ich die Melancholie, die über diesem Viertel lag, und die fluoreszierenden Lichter, die es erhellten wie falsche Sterne. Ich schien mich durch die Endzeit zu bewegen, eine hoffnungslose Welt ohne Tag und ohne Sonne, die keinen Sinn mehr sah und keine Regeln mehr kannte, und genau das fühlte sich richtig an.

Sieben Jahre später wirkte Kabukichō billig. Es zeigte uns sein verkatertes Gesicht, denn der Abend war jung, und die Straßen leuchteten noch nicht. So liefen wir durch Alleen aus blässlichem Beton, und wo kein Platz für eine Tür oder ein Fenster war, da hingen Schilder in allen Farben: «SUPERANGEL», «DVD VIDEO RELAXATION», «KING OF TANNING MASTER», «CAPSULE HOTEL», «OPEN 24 HOURS OK!». Für einen Augenblick befürchtete ich, dass wir unser Ziel zwischen alledem übersehen könnten, doch diese Sorge löste sich rasch. Das Etablissement, nach dem wir suchten, leistete sich die gewaltigsten Reklamewände weit und breit. Die Propaganda des «Robot Restaurant» war kaum zu übersehen und noch weniger zu überhören. «Roboto, Roboto, Re-su-to-rang!», kreischten mechanische Mädchenstimmen durch alle Gassen. «Endlich geöffnet! Endlich geöffnet! Endlich geöffnet!»

Vor einiger Zeit hatte es einen Medienhype um die Tokyoter Katzencafés gegeben, in denen man einen Matcha Latte bestellt und nebenbei die Sorgen mit tanzenden Fingern davonstreichelt. Nahezu jeder westliche Sender hatte darüber berichtet. Mittlerweile gab es ein Igelcafé, ein Eulencafé und sogar ein Pinguincafé, doch das Roboterrestaurant, so war es hier und da zu lesen, sei die neueste Sensation der Stadt. Man ging weniger zum Essen dorthin, sondern wegen der Show, deshalb nannte man es auch «Robot Cabaret». Sein Bau hatte nach eigenen Angaben einhundert Millionen Dollar verschlungen. Die lokale Touristenbehörde lobte das Restaurant als «weltweit einzigartig» und als «Anziehungspunkt für eine illustre Klientel aus internationalen Celebrities». Und tatsächlich sollte es bereits Hollywoodschauspieler und berühmte

Regisseure angezogen haben. Sogar ein guter Freund, der dort einmal zu Gast war, hatte uns ins Gewissen geredet: «Wenn ihr das nicht gesehen habt, dann habt ihr Japan nicht gesehen.»

Es war also gar nicht so leicht, Plätze zu reservieren, obwohl das Robot Restaurant jeden Tag die Türen öffnete. Obwohl es Abend für Abend drei bis vier Shows stemmte. Obwohl der Eintritt mehr als siebzig Dollar kostete, pro Person, ohne Speisen. Man bezahlte per Kreditkarte vorab, was nicht bedeutete, dass man später auch Einlass fand. Die Lokalität verfügte über eine strenge Hausordnung: kein «zerzaustes Äußeres», keine Sonnenbrillen, keine Tätowierungen, keine Betrunkenen, keine Gangs, womit die Geschäftsleitung ganz offensichtlich verhindern wollte, dass Yakuza den Laden auseinandernehmen, die japanische Mafia. Personen mit Kreislaufschwächen und neurologischen Auffälligkeiten wurden eindringlich vor dem Besuch gewarnt. Ferner seien «übertriebene Kostüme» und «große Perücken» untersagt, sollte es doch noch Cosplayer in Tokyo geben. Wer nicht wenigstens dreißig Minuten vor der Aufführung erscheine, hieß es weiter, dessen Karten verfielen automatisch, Rückerstattung unmöglich, und wer all diese Verbote zusammennahm, konnte erahnen, was das Robot Restaurant seit seiner Eröffnung erlebt haben musste.

Nicht einmal Natsumi würde abstreiten, dass sie beeindruckt war, als wir uns näherten. Epileptiker hätten jetzt schon gekrampft. Die Front des Roboterrestaurants hatte nichts mehr mit Werbung zu tun. Sie war ein Angriff. Man stelle sich alle Attraktionen vor, die es auf den Rummelplätzen der Kindheit gab, alle Karussells, alle Autoscooter, all die Breakdancer und Top Spins, und nun setze man sie zu einer einzigen zusammen. «Roboto, Roboto, Re-su-to-rang!», donnerte es, während ein Neongewitter aus Blitzen, Blinkfeuern und falschen Laserstrahlen auf uns niederging. «Endlich geöffnet – endlich geöffnet – endlich geöffnet!» Zwei monströse Bikini-Girls, halb Maschine, halb Dirne, bildeten das Zentrum des Lichtinfernos. In ihren Schößen hockten Schaulustige, und wenn sie an Hebeln zogen, dann bewegten die «Fembots» ihre Plastikarme. «Roboto, Roboto, Re-su-to-rang!»

Ein Tunnel aus Myriaden hektisch flimmernder Leuchtdioden lockte uns hinein. Endlich wusste ich, wie es im Inneren einer Discokugel aussehen muss. Jeder Zentimeter des Eingangsbereichs war mit spiegelnden Mosaiksteinen besetzt, mit blitzendem Kristall und farbig glänzendem Acryl, vom Ventilator unter der Decke bis zum Springpferd im Foyer, maßlos ornamentiert, doppelt und dutzendfach illuminiert. Über einen glitzernden Lift gelangten wir in die Wartehalle, die von Videowänden umschlossen war. Darauf galoppierten fernöstliche Amazonen im knappen Kreuzritterdress durch einen Canyon, als sei das Christentum ein Joint Venture mit einem texanischen Stripclub eingegangen. Hypnotisch kreisende Regenbogenspiralen drehten sich über den Besuchern, die in goldglänzenden Schneckenmuschelsesseln hockten, versunken in Versace-Kissen. Als wäre das alles noch zu dezent, vervielfachte der reflektierende Fußboden den Raum bis ins Unendliche.

Wen hatte das Robot Restaurant angezogen? Zu meiner Überraschung waren es Tätowierte, die Sonnenbrillen trugen und sich auf ihr zerzaustes Äußeres erst mal einen Drink genehmigten. Immerhin legten sie keinen Wert auf übertriebene Kostüme oder große Perücken, und sie schienen auch nicht dem organisierten Verbrechen anzugehören. «This is so over the top!», staunte einer von ihnen und hatte das psychedelische Interieur damit treffend beschrieben. Der Mann war möglicherweise Holzfäller oder Rugbyspieler, Kanadier oder Australier. Sein vielfältig verzierter Brustkorb, den nur ein Tanktop umspannte, reichte von hier bis Perth. Derweil gönnte sich ein Schnurrbartträger einen ersten Shot an der Bar und gleich danach eine Pulle Bier, um sich wenig später noch mit zwei Halbliterdosen, die er in seinem Rucksack verstaute, auf die Show vorzubereiten. Vielleicht war er ein weiser Mann, der nicht seinem Laster, sondern nur seiner Intuition folgte.

Jetzt wurde klar, warum wir so pünktlich zu erscheinen hatten. Auch ein Roboterrestaurant muss seine Stromrechnung bezahlen. So verging eine ganze Stunde, und es sah so aus, als würden wir erst dann aus dieser transzendentalen Kammer der Schmerzen erlöst, wenn wir entweder an der Theke oder im Souvenirshop einige Dollar gelassen hätten. Dazu spielte ein Gitarrist im Daft-Punk-Outfit, der auf seinen Androidenfüßen beschwingt hin- und herwippte. Er war grandios, doch der süffisant ironische Unterton seiner Lieder bereitete mir Sorgen. Während sich Schneckensitz um Schneckensitz mit Subjekten füllte, die alle denselben perplexen Blick trugen, sah sich Natsumi endgültig bestätigt. «Ich hab dir doch gesagt, dass du hier nur Ausländer finden wirst», sagte sie, und ich nutzte die Zeit für ethnologische Studien.

Mit etwas Zynismus ließen sich die Personen in drei Sorten Gaijin einteilen. Die Coca-Cola-Touristen: etwa eine Amerikanerin und ihr kleiner Sohn, die sich mit T-Shirts und Basecaps eindeckten und bald darauf sogar einen Roboter im Zwergenformat in der Einkaufstüte trugen. Die Hormontouristen: Soldaten, Puffgänger, Junggesellen im Yellow Fever, die Kabukichō auch aus anderen Gründen aufsuchten. Kulturtouristen, die dritte und kleinste Gruppe: jene mit dem beseelten Lächeln, die sich ausgesprochen galant und unaufdringlich verhielten. Sie glaubten, das Gesicht, das ihnen die Protagonisten dieses Hauses zeigten, sei echt.

Ein Pärchen wollte in keine der Kategorien so recht passen. Es waren die zwei, die man eher nicht zu seiner Hochzeit einlädt. Sie starrten gleichgültig ins Leere und saugten jede Lust und Atmosphäre um sie herum wie Schwarze Löcher auf. Die beiden erhoben sich schwerfällig aus ihren Sesseln, als der Höhepunkt des Abends endlich nahte. Dazu ging es nun in einer Karawane über vier Etagen in die Tiefe. Jedes Treppenstockwerk war nach einem Motto gestaltet worden. Das erste erinnerte an Computerspiele – Raumschiffe und Asteroiden flogen über unsere Köpfe hinweg. Im zweiten lauerten fleischfarbene Geckos, gallengrüne Papageien und blutrote Schlangen, die aus den Augenhöhlen von Totenköpfen krochen. Das dritte und das vierte nahm ich in all der Reizüberflutung nicht mehr wahr, aber ich schätze, die Seele des Inneneinrichters weilte an einem wunderschönen Ort, als er sie arrangierte.

Und so erreichten wir das Allerheiligste. Zwei Tribünen vis-à-vis und dazwischen eine rechteckige, leere Fläche, die weder blinkte noch glitzerte, noch funkelte. Auch die zahlreichen Bildschirme zu beiden Seiten blieben blind und wiegten unsere Sinne in trügerischer Sicherheit. Weil die Schalensitze eher für japanische Körper gemacht waren, drückten sich die Leute mit etwas Mühe in die Reihen und klemmten ihre Knie, so gut es ging, unter die Tabletttische. Jetzt wurden Plastikschachteln mit rohem Fisch gereicht, und Natsumi zeigte sich erleichtert, dass sie an uns vorbeiwanderten. Für sie war Sushi die Bratwurst Asiens, das einfachste Gericht ihrer zweiten Heimat, und sie nannte mich einen typischen Europäer, wenn ich es einmal bestellte.

Während des Festmahls begannen Helfer damit, Gitter und Eisenketten anzubringen, wohl um zu verhindern, dass das Publikum türmte. Nein, nein, die Barrieren seien nur zu unserem Schutz gedacht, versicherte eine Conférencière in Zirkusuniform. Das, was uns erwarte, sei schließlich sehr gefährlich, wenn es uns zu nahe komme. Um ihre Warnung auf anschauliche, aber möglichst niedliche Weise zu pointieren, hasteten zwei Männer in Schutzanzügen hinter einem Vorhang hervor. Sie rannten zunächst auf der Stelle, dann preschten sie mit einem Teddybären durch den Raum, der in einem Spielzeugflugzeug saß. Seine Tragflächen brausten tatsächlich knapp an den Köpfen der Zuschauer vorbei, und so konnten selbst die Betrunkenen einschätzen, wie weit sie sich während der Aufführung strecken durften. Die Videowände flackerten auf, Discomusik setzte ein, «Woohoo!», rief die Moderatorin. «Woohoo!», jubelten die Männer, und die Menge klatschte dazu.

Die Bühne wurde in rotes Licht getaucht, und zwei Karnevalswagen bewegten sich aufeinander zu. Darauf standen jeweils sieben Tänzerinnen an sieben Kriegstrommeln, und hätte man ihre sieben Outfits zusammengenäht, man hätte einen anständigen Zweiteiler herausbekommen. «Irasshaimase!», schrien sie. «Herzlich willkommen! Herzlich willkommen! Herzlich willkommen!», und hämmerten wie besessen auf ihre Instrumente ein. Es war, als seien wir in eine Gameshow geraten. Wie hatte ich mir das Roboterspektakel vorgestellt? Ich bin ein genügsamer Mensch, aber ich hoffte, Roboter zu sehen. Doch wer genauer hinsah, bemerkte, dass die Fuhrwerke von emsigen Gestalten über die Bühne geschoben wurden. Die Helfer bedeckten ihre Gesichter mit Schleiern und versuchten, sich so klein zu machen, wie es nur ging. Auf diese Weise glitt auch der gigantische Fisch durch den Raum, auf dem eine Rock-Diva so tat, als könne sie die Saiten einer Stratocaster zum Jaulen bringen. Während ihre langen, kokainfarbenen Perückenhaare durch den Schimmer der Lichtorgeln wirbelten, gesellten sich Tempeldrachen, ein silberner Ninja und etliche Samurai mit leuchtenden Kinderschwertern dazu.

Nach kaum fünf Minuten verschwanden die Figuren wie ein Spuk. Alles erlosch, die Absperrungen wurden wieder geöffnet, und das Pausenlicht fiel auf einen Popcornwagen zwischen den Zuschauerrängen, während sich der Bühnennebel verzog und ein vereinzeltes, trockenes Husten hinterließ. Die Amerikanerin bestellte eine Pepsi, und der mit dem Schnurrbart erleichterte sich irgendwo hinter den Kulissen in ein goldenes Pissoir. Es war eine Auszeit, die allen Beteiligten gelegen kam. Nur leider bewegten sich die Schwarzen Löcher nicht. Sie blieben genau dort sitzen, wo sie sich vor der Show niedergelassen hatten, und zwar direkt uns gegenüber. Waren ihre negativen Chakren daran schuld, dass sich unser anfängliches Staunen in Fassungslosigkeit wandelte?

Teil zwei begann mit einem Video. Es erzählte die Geschichte eines Planeten, auf dem Mensch und Tier friedlich zusammenlebten, bis er um ein Haar von einem übermächtigen Imperium zerstört wurde. «Das sind dann wohl die Amerikaner mit ihrer Atombombe», seufzte Natsumi. Nach dieser Einleitung durften wir mitverfolgen, wie auf der Bühne ein aufrecht gehender Pandabär gegen mehrere orkähnliche Krieger in den Kampf zog. Obwohl er bald Verstärkung von Schauspielern in Streifenhörnchenkostümen erhielt, konnte er erst die Oberhand gewinnen, nachdem er die Bühne verlassen hatte, um auf dem Rücken einer Monsterkuh zurückzukehren. Es schlossen sich diverse Schaukämpfe an. Feuerspeiender Adler gegen Bösewicht, Meerjungfrau auf Seeungeheuer gegen böseren Bösewicht, halbnackte Tänzerin auf Riesenspinne gegen irgendwen. «I am kill you!», rief das Mädchen, nahezu textsicher. «Prepare and die!»

Wieder hatten sich die Akteure nach kurzer Zeit verausgabt. Sie verließen japsend das Podium, die nächste Popcornpause begann, und in den Katakomben wurde geräuschvoll umgerüstet und herumgeräumt. Auch Natsumi wirkte angeschlagen, als hätte sie persönlich im Ring gestanden. Allerdings aufseiten der Invasoren. «Warum hat man diesen albernen Planeten nicht einfach ausgelöscht?», fragte sie und verdrehte die Augen. Sie befand sich, gelinde gesagt, nicht in einer konstruktiven Stimmung. Jede Episode der Darbietung schien Natsumi zu schwächen, während meine Hoffnung, noch einen Roboter zu erleben, von Runde zu Runde schwand.

Das Partypublikum dagegen war bester Laune. Die Amerikanerin und ihr Junge, die Hormongeladenen, sogar die Kulturtouristen, sie alle ließen sich von den Clowns hinreißen, die im nächsten Akt auftraten. Sie feierten die Irrwische in Laseranzügen, die ihnen folgten, und besonders energisch feuerten sie den Gorilla an, der mit nur einem Arm an einer glimmernden Riesenfliege baumelte – was auch immer die Szene zu bedeuten hatte. «A hundred percent bonkers, two hundred percent brilliant», applaudierte der Holzfäller hinter uns, zu hundert Prozent verrückt, aber zu zweihundert Prozent genial. Genau so hatte er sich Japan wohl vorgestellt.

Selbst die Schwarzen Löcher zeigten eine gewisse Lebensfreude, als man ihnen Lichtfackeln für das große Finale in die Hände gab. Jetzt rauschte noch einmal alles an uns vorbei, was ein ordentlicher LSD-Trip zu bieten hat: ein glühender Pinocchioschädel, ein Trommelhase mit Pfauenfedern und keyboardspielende, pompöse Zebras, die andere Zebras auf ihren Zebraschultern balancierten. Zwei Augen waren zu wenig, um diesen Festzug zu erfassen. Sogar Roboterattrappen wurden nun auf die Bühne geschoben, die von einem Roboterbein aufs andere hüpften, während wiehernde Roboterpferde von Robotereinrädern umkreist wurden, die durch die Manege des Wahnsinns trieben.

Es war die furchtbarste Show, die wir je erlebt hatten, und gleichzeitig die allerbeste. Wie viel Kraft es kosten mag, überlegte ich, als die Parade ihre Ehrenrunde drehte. Wie viel Liebe es bedarf, wie viel Geduld wohl vonnöten ist, um mit einer solchen Hingabe aufzutreten, Abend für Abend, drei-, viermal am Tag. Die Tänzerinnen hatten ihr Theaterstück nicht geschrieben, aber sie spielten es mit allem, was sie hatten. Wer weiß, vielleicht steckte in jedem gehauchten Kuss und in jedem Herzchen, das sie mit den

Fingerspitzen in die Luft malten, ein bitteres bisschen Verachtung. Was sie wirklich über all die betrunkenen Zerzausten dachten, vor denen sie sich in diesem Keller präsentierten, gaben sie nicht preis. Wer war verrückt? Sie, die uns den Spiegel vorhielten, oder wir, die wir nicht merkten, dass wir uns selbst darin sahen?

DIESE EINE, UNVERGESSENE NACHT

KAMPAI MIT EINEM ALTEN FREUND

Wenn das Licht des Tages geht und die Dunkelheit kommt, ist Japan nicht mehr *kawaii.* Dann hört es auf, süß und niedlich zu tun. Purpurn schimmernde Tropfen tanzen auf schwarzem Taxilack. Neonfarben fallen durch transparente Regenschirme und sammeln sich in Pfützen auf dem Asphalt. Das Wasser zieht die Hitze aus den Fassaden und bemalt sie mit dem Make-up der Nacht, bevor es mit dem Dunst, der sich aus den Abflüssen erhebt, und all den Dämpfen, die aus den Küchen dringen, in die tief hängenden Wolken über den Dächern steigt.

In diesen sternlosen Nächten scheint Tokyo endlich abzubremsen. Sachte wehen die Noren, die Leinentücher, vor den beschlagenen Scheiben der Izakayas, während sich drinnen, von Schluck zu Schluck, das Leben wandelt. Sakkos liegen über den Lehnen, Krawatten lockern sich, Blusen verlieren einen Knopf oder zwei. Leise wird laut, devot wird dominant, und aus dem, der eben noch seine Kunden hofierte, wird einer, der erst johlt, dann schreit und mit einem letzten «Kampai!» auf den Tresen drischt, bevor er in den Schoß seines Abteilungsleiters sackt.

Wenn unser braver Angestellter irgendwann auf dem Kneipenboden erwacht, sich aufrafft und taumelig von seinen Kollegen verabschiedet, wird er vergessen haben, wie man einen Schirm aufspannt. Er wird ihn dennoch artig in den Niesel halten, weil man das eben so macht, und er wird dem Regenstock vornübergebeugt nachtrotten bis in die Metro, die ihn nach Yokohama oder noch weiter aus der Stadt bringt, wo er schon wieder fällt. Diesmal landet er auf der Rückbank eines Taxis, und wenn er nicht schon in der Bahn eingenickt war, dann nimmt er sich nun dort ein Weilchen, denn er weiß, dass ihn der Fahrer sicher bis vor die Haustür kutschieren wird. Wenn schließlich der Morgen anbricht und er rechtzeitig den Weg ins Büro gefunden hat, makellos wie eh und je, wird niemand auf die Idee kommen, ihn auf all das anzusprechen. Was im Izakaya geschieht, bleibt im Izakaya.

Im letzten Akt einer Barnacht liegt man sich gerne in den Armen und nennt den anderen leichtfertig einen Freund. Meist verflüchtigt sich die Kameradschaft so schnell wie der Alkohol, doch ich hoffte, dass es bei Christoph und mir anders wäre. Ich hatte ihm vor sieben Jahren ein Versprechen gegeben, als ich ihn eigentlich interviewen sollte und mich stattdessen mit ihm verbrüderte. Nun war die Zeit gekommen, es einzulösen.

Mein alter Gefährte gilt als der berühmteste Deutsche in Japan, und das, obwohl er es nie darauf angelegt hatte. So wie der berühmteste Deutsche in Finnland, Roman Schatz, und der berühmteste Deutsche in Polen, Steffen Möller, war auch Christoph Neumann in die Ferne gezogen, ohne zu ahnen, welch wundersame Karriere ihm dort bevorstand. Christoph ist ein Meister der Sprache. Er kam als

Austauschstudent nach Tokyo, um wenige Semester später einen Doktortitel in Computerlinguistik zu erwerben. Bald trat ein Fernsehsender an ihn heran. Die Redaktion suchte nach Ausländern, die sich eloquent in der Landessprache verständigen konnten, und sie war in Not. Hundert Gaijin aus einhundert verschiedenen Nationen sollten in einer Showarena mit dem großen Takeshi Kitano über die Absurditäten Japans streiten. Arbeitstitel: «Koko ga Hen da yo Nihonjin» – «Diese Dinge ergeben keinen Sinn, ihr Japaner!»

Doch bereits in der Premierensendung sah sich Christoph genötigt, seinen halben Kontinent zu vertreten, denn wie befürchtet, hatte man nur wenige Europäer gefunden, die Japanisch sprachen. Das war sein Glück. Von nun an verschrieb er sich der Rolle des launigen Teutonen, blond, hochgewachsen und erstaunlich humorvoll, vier erlebnisreiche Jahre lang. Die Palette der Diskussionsthemen reichte von den befremdlichsten Zutaten der japanischen Küche bis zur Selbstmordwelle unter Oberschülern, vom merkwürdigen Verhalten japanischer Reisegruppen bis zu den Ereignissen des Zweiten Weltkriegs. In der Ausgabe «Tod fürs Vaterland» trat Noiman-san in einem Parka der Bundeswehr auf und erklärte in nahezu dadaistischer Weise, warum er den Dienst an der Waffe verweigert hatte. Für die Kunst zwängte er sich sogar selbstironisch in Lederhosen, was das japanische Publikum honorierte. Noiman-san tat Dinge, die sich Japaner nicht trauten, und brachte Tabus zur Sprache, die sie lieber verschwiegen.

Bis zu acht Millionen Zuschauer, Woche für Woche, schätzten seine etwas unbeholfene, aber liebenswerte Art, weil er sie nicht spielen musste. In dieser Zeit konnte er kaum auf die Straße treten, ohne dass sich eine Traube aus Bewunderern um ihn scharte. Noiman-san war ein *tarento* geworden, ein Talent unter vielen anderen Prominenten, die von Sendung zu Sendung weitergereicht werden, bis man vergisst, wofür sie einmal berühmt geworden sind. Sie sitzen in Jurys, sie kommentieren die News, sie treten in Spielshows gegeneinander an, und manche von ihnen nennt man *famous for being famous.*

Dabei ist Christoph ein scheuer Mensch. Es braucht eine Weile und einen Drink oder zwei, um mit ihm warm zu werden, wenn es überhaupt gelingt. Vielleicht ist es eine genauso deutsche wie japanische Eigenart, dass er sein Gegenüber erst einmal reden lässt, bis er entschieden hat, ob sich eine tiefere Konversation lohnt.

Denselben Verlauf nahm unser Gespräch, als ich mich nun, sieben Jahre später, über das Hoteltelefon bei ihm meldete. Noiman-san schien sich zu freuen, meine Stimme zu hören, nach so langer Zeit. Ganz sicher war ich mir aber nicht, denn er beendete jeden seiner Sätze mit einem Fragezeichen: «Du willst dich also treffen?», fasste er meine Einleitung zusammen, und ich bejahte. «Wo willst du dich denn treffen?», fuhr er fort, und ich glaube, sinngemäß erwidert zu haben: «Irgendwo im Zentrum», was in Tokyo ein Areal von gut und gerne vierhundert Quadratkilometern beschreibt. Christophs Fragerei verunsicherte mich. «Was kennst du denn da, im Zentrum?» Er gab nicht nach, und ich hätte gerne erwidert, dass es doch letztlich sein Job sei, einen geeigneten Ort vorzuschlagen. Meine Stadt, meine Bar, so lautet das internationale Gesetz der Saufkumpanei.

Was dabei herauskommt, wenn man sich nicht daran hält, erlebten wir an diesem Abend. In die Bredouille geraten, antwortete ich «Hachikō», und damit hatten wir uns prompt an der geschäftigsten Kreuzung der Welt verabredet.

Hachikō verharrt seit einhundert Jahren auf dem Vorplatz von Shibuya Station und hält nach jemandem Ausschau, der niemals kommt. Eine Bronzestatue erinnert an den japanischen Spitz, der dort Tag für Tag auf seinen Besitzer gewartet haben soll, wie man sich erzählt. Der Hund war es gewohnt, den Professor nach der Universität vom Bahnhof abzuholen, das rechte Ohr aufgestellt, das linke hängend. Während einer Vorlesung jedoch verstarb sein Herrchen an einer Hirnblutung, und was tat Hachikō? Er kehrte tagein, tagaus an diese Stelle zurück, neun Jahre lang, immer zur selben Zeit, bis zu seinem eigenen Tod, den die Zeitungen landesweit vermeldeten. So wurde er zu einem nationalen Vorbild, obwohl Natsumi ihn für ein zwar treues, aber nicht sonderlich helles Tier hielt. «Wäre er so schlau gewesen, wie alle meinen», sagte sie, «dann hätte er doch irgendwann etwas merken müssen.»

Heute wartet Hachikō nicht mehr allein. Der Bahnhof ist gewachsen, Shibuya hat sich zu einem Vergnügungsviertel gewandelt, und die Konsumkids tänzeln über die Steinbänke neben Hachikōs Statue, halten ihr Victory-Zeichen in die Schwüle und suchen episodisch nach Herrchen und Frauchen. Im ganzen Land gibt es keinen beliebteren Treffpunkt als diesen. Jedes Schulbuch erzählt seine Geschichte, das Fernsehen ohnehin, und Hollywood war auch schon da.

Christoph jedoch fehlte in der Menge, das erkannten wir schnell. Die Merkmale «mittelgroß, lichtes Haar, gewisse Ähnlichkeiten zu Tim, geringere zu Struppi» trafen auf niemanden so recht zu. Wenn ich Noiman-san auch Jahre nicht gesehen hatte, war ich mir doch sicher, dass er weder eine Blousonjacke noch Hotpants trug, wie so viele um uns herum. Schließlich entdeckte ich seine Stimme auf meiner Mailbox. Es sei zu zwei Schicksalsschlägen gekommen. Nummer eins: eine Betriebsstörung auf der Yamanote-Linie. Nummer zwei: Davon wolle er uns in hoffentlich nicht mehr als einer halben Stunde erzählen.

Wir kosteten jede Minute aus und fühlten uns bald wie Taucher in der Strömung, die ihre Körper mit Seil und Haken an einem Riff befestigen, um dann die Wunder des Ozeans einfach an sich vorbeiziehen zu lassen – die Blauhaie, die Barrakudas, die kreiselnden Schwärme. Gleich hinter Hachikō, der von einem Kokon aus Rosenbüschen umgeben ist, beginnt das menschgemachte Spektakel. Rotes Licht leuchtet auf, die letzten Taxen sausen über die Kreuzung, und der Straßenfluss versiegt. Für Sekunden steht alles still, bis mit einem Mal zehn Ampeln wie zehn Schleusen den Weg freigeben und zehn Wellen von zehn Punkten aus aufeinander zurollen. Der Platz wird dunkel vor Leuten, und von den Dächern betrachtet, musste es wirken, als würden die Ströme kollidieren. Doch stattdessen greifen sie ineinander wie zehn Finger.

Diese Art des Shakehands ist nichts für Herzpatienten. Zwar mögen die Häuser, die Shibuya Crossing überragen, nur halb so hoch sein wie die Wolkenkratzer von New York, aber der Lärm, der zwischen ihnen herrscht, reicht für mehr als einen Times Square und allerlei Infarkte. Es hupt, piepst, dudelt, ziept und schilpt aus allen Richtungen: «Kauf mich!», «Iss mich!», «Nimm mich mit!». Während auf der einen Videofläche Pac-Man flimmerte, bewarb die andere einen elektronischen Begleiter für Alleinlebende. «Oh, schöne neue Schuhe!», schwindelte er, und: «Oh, du hast in dieser Woche ein halbes Kilo abgenommen!» Auf einem dritten Bildschirm erschien ein Trio von Mädchen, deren Lächeln die Augen nicht erreichte. Starren Blickes, ohne je zu blinzeln, schoben sie sich ein oktopusfarbenes Bonbon zwischen die halb geöffneten Lippen, schreckten auf und kieksten: «Kono Mamma Mia!», «Kono Mamma Mia!» und noch einmal «Kono Mamma Miiia!». Es sei wohl ein Wortspiel, vermutete Natsumi, eine Mischung aus dem italienischen Freudenschrei und dem japanischen *kono mama*, es ist, wie es ist.

Die Szene wiederholte sich wie ein Mantra. Fahrzeuge, Schwärme, Kono Mamma Mia, begleitet von der Ampelanlage, die eine Melodie spielte und gleichzeitig zwitscherte. Das Licht der Bildschirme flirrte und pulsierte und erreichte doch kaum die Passanten im Halbdunkel darunter, von denen einer versuchte, für ein Foto mitten im Menschengewirr auf der Kreuzung einen Handstand hinzulegen.

Als die halbe Stunde verflogen war, tauchte der berühmteste Deutsche tatsächlich auf. Wie deutsch er ist, hatte ich inzwischen vergessen. Weiße Tennissöckchen leuchteten aus seinen Sneakers, die er mit einer Bermuda und einem flotten, gepunkteten Freizeithemd kombiniert hatte. Es steckte leger in seinem Hosenbund. «War nett, euch zu sehen», grüßte er uns hastig, «aber wir müssen sofort wieder los!» Gleich darauf eilte er mit ausgestrecktem Arm an die Kreuzung.

Es war wie Angeln im Aquarium. Nur ein, zwei Kono Mamma Mia verhallten, bis jemand an die Seite zog. Japanische Taxifahrten beginnen mit einem kleinen verblüffenden Kunststück: Der Chauffeur betätigt einen Hebel, und die linke hintere Tür des Wagens öffnet sich wie von selbst. Das spart Zeit, weil der Fahrer nicht aussteigen muss, um den Gast hineinzubitten, wie es früher einmal üblich war. Vor allem aber sieht sich auf diese Weise niemand gezwungen, den Türgriff anzufassen, auf dem Bakterien, Keime und andere Erreger lauern könnten. Wir sprangen auf die Rückbank, während Herr Neumann vorn einstieg und mit breitestem fränkischen Zungenschlag die Koordinaten klärte.

Der Abstecher führte uns nach Shinjuku, das zu den begehrtesten Tokyoter Stadtvierteln zählt, weil darin Kommerz, Kirschblüten und das Rotlicht von Kabukichō ein so friedliches wie aufregendes Miteinander eingehen. Christoph hatte dort jahrelang ein unverschämt günstiges Junggesellenapartment bewohnt. Es war lichtdurchflutet und modern, mit Fenstern zu drei Seiten, ein buddhistischer Tempel in der einen, der Kaiserliche Park Shinjuku in der anderen Richtung. Dennoch hatte sich der Eigentümer äußerst schwergetan, die vier Wände zu vermieten, weil jeder einheimische Interessent während der Besichtigung Reißaus nahm. Das Haus befand sich zwischen einem Krematorium und einem Friedhof, und nach japanischem Aberglauben fliegen die Geister nach der Totenverbrennung auf kürzestem Wege zu ihrer letzten Ruhestätte – direkt durch das Apartment.

Mittlerweile leistete sich mein alter Freund, der genauso wenig an Spukgestalten glaubte wie Natsumi, eine größere Unterkunft in Shinjuku. Wir fuhren dorthin, um eine Frau aus ihrer Notlage zu befreien. Das war der zweite Schicksalsschlag, den Christoph angedeutet hatte. «Sie wohnt bei mir. Wir haben gefeiert, danach muss ich sie wohl ausgesperrt haben, und jetzt verlangt sie, dass ich ihr den Schlüssel bringe.» Bis hierhin hörte sich die Geschichte exakt nach dem Mann an, dem ich das letzte Mal vor sieben Jahren begegnet war. Mit dem feinen Unterschied, dass es sich bei der weiblichen Hauptperson um seine Gattin und bei der rauschenden Party um das Geburtstagsfest des gemeinsamen Sohnes handelte. Amadeus war zwei geworden. «Siehst du», lächelte Noiman-san, «so ändern sich die Zeiten.»

Dabei fühlte es sich an, als würden wir genau dort weitermachen, wo wir aufgehört hatten. Dieselben Lichtreflexe auf der Fensterscheibe, dieselben Retrospiegel auf den Radkästen, dieselben Häkeldeckchen auf den Kopfstützen und vielleicht sogar derselbe Fahrer, der mit seinen weißen Handschuhen und seiner Chauffeursmütze zwar seriös, aber irgendwie auch tantig wirkte. Damals hatte Christophs Arbeitskollege neben mir im Fond gesessen, Brody, ein hagerer Australier, den ich mal liebte und mal hasste, im steten Wechsel. Ich liebte ihn, als der Abend auf einer Dachterrasse begonnen hatte und wir gemeinsam entdeckten, wie man in Wolkennächten die Sterne beobachtet. Man sieht von oben auf sie herunter und versinkt in der Fülle ihrer Lichter. Als er mir dann, an irgendeinem Straßenimbiss, einen Spieß gegrillter Schweinegebärmutter entgegenhielt und steif und fest behauptete, es sei Hühnchen, hasste ich ihn. Später liebte ich ihn wieder. Wie aufopferungsvoll dieser Aussie doch versuchte, die Tokyoter

Mädchen davon zu überzeugen, ein Karaoke-Zimmer mit uns zu teilen. Dabei wusste er genau, was Karaoke bedeuten kann. Für gewöhnlich würde eine Japanerin niemals irgendeinem Fremden in ein gemietetes Sangesseparee folgen, erst recht nicht einer Gruppe wertloser Gaijin. Als es Brody dennoch gelang, schloss er die Tür hinter den jungen Frauen und widmete ihnen ein Dankeslied für ihr Vertrauen. In all seinem Charme wählte er «Sit on my face and tell me that you love me» von Monty Python.

«Was ist aus ihm geworden?», fragte ich mich.

«Irgendwann ist er ausgebrochen», sagte Christoph. «Brody hat seinen IT-Job hingeschmissen und managt jetzt ein Strandhotel in Sydney oder so.»

«Passt zu ihm.»

«Findest du?»

Mir fiel auf, dass ich mein gesamtes Wissen über Brody und Noiman-san aus nur einer Nacht schöpfte. Dieser einen, unvergessenen Nacht. Wir hatten sie in der «Krokodil-Bar» ausklingen lassen, wie Christoph sie nannte, wo wir zu schlechter Letzt über einem Kinderspiel hingen und unsere koordinativen Fähigkeiten forderten. Mit dem unerschütterlichen Gleichmut eines betrunkenen Samurai versuchten wir, Piratensäbel in ein Fässchen zu stecken, und wenn der Seeräuber herausschnellte, der darin auf einer Sprungfeder saß, dann wussten wir, wer die nächste Runde bezahlt.

«Ich kann mich unter den Japanerinnen einfach nicht entscheiden», hatte sich Christoph damals beklagt, und so schien es nur konsequent, dass er inzwischen mit einer Chinesin verheiratet war. Unser Taxi passierte sein Apartment in Shinjuku, drehte eine nostalgische Schleife um die Krokodil-Bar und hielt dann vor einem Lokal, in dem seine Frau unter einem Himmel aus feuerroten Lampions auf ihn wartete. Der kleine Amadeus hockte auf ihrem Schoß, und als wir den Gastraum betraten, zeigte er uns eine seltene Zirkusnummer. Offenbar konnte sich der Junge nicht so recht entscheiden, ob er nun schüchtern wegsehen oder neugierig zu uns hinsehen mochte. Also versuchte er beides auf einmal. Amadeus wandte sein Köpfchen von uns ab, ganz nach rechts, so weit es eben ging, um dann die Augen ganz nach links zu drehen, bis die Pupillen beinahe in ihren Höhlen verschwanden. Möglich, dass er sein Brüderchen beschützen wollte und sich deshalb immer enger an den Babybauch kuschelte, in dem es gerade heranwuchs.

Warum eigentlich Amadeus? Natsumi nahm an, dass die beiden nach einem Namen ohne «r» gesucht hatten, um die internationale Verwandtschaft nicht zu überfordern. Franken tun sich mit diesem Konsonanten nun mal schwer, Chinesen und Japaner ohnehin. Doch die Erklärung lag wesentlich näher. «Wir hatten uns einen Namen gewünscht, der mit dem deutschen Kulturkreis verknüpft ist», referierte Christoph. Er sollte nicht zu häufig vorkommen und trotzdem auf der ganzen Welt bekannt sein. «Die andere Möglichkeit wäre Adolf gewesen.»

Ihren zweiten Sohn würden sie wohl Karl taufen, und Christoph hatte sich vorgenommen, ihn fünfsprachig zu erziehen: Deutsch, Englisch, Chinesisch, Japanisch, Fränkisch. Das war ausnahmsweise ernst gemeint. Der talentierte Herr Neumann kann sich sogar mit Maschinen unterhalten. Früher hatte er Übersetzungsprogramme für eine japanische Firma geschrieben, heute feilte er im Auftrag eines US-Konzerns an der Sprachsoftware mehrerer Automarken.

Frau Noiman war gerettet, und ihre drei Helfer in der Not kehrten nach einer weiteren Taxifahrt in ein Izakaya ein, diese geniale Mitte zwischen Lokal und Bar: ein schwitzig enger Raum, eine Theke und ein Wirt, der über sechs Arme zu verfügen scheint. Er zapft das Bier, er schenkt den Sake ein, er brät Yakitori-Spießchen mit Fisch, Gemüse oder Fleisch und richtet Algensalat an, während er Gläser poliert, Quittungen schreibt und ganz nebenbei seine Klientel unterhält. Wir folgten Christoph in ein ungewöhnlich großes Izakaya, das mit all seinen Tischen und Tischchen entfernt an ein bayerisches Brauhaus erinnerte. Der Laden war bestens besucht, aber wer mit dem berühmtesten Deutschen des Landes unterwegs ist, muss nicht lange auf einen Platz warten. Außer dem Wirt, der ein Freund war, ließ sich keiner der Gäste anmerken, dass er Christoph kannte. Es war ein wenig stiller um ihn geworden. Inzwischen hatte eine Schweizerin seinen Platz in den japanischen Talkshows eingenommen und deckte den gesamten deutschen Sprachraum ab. Ein anderer Gaijin gab den klassischen Nazi in den History-Formaten, aber auch Roosevelt, Churchill oder Stalin, je nachdem, welche Rolle gerade gefragt war. Ab und an trat Christoph noch in Werbespots auf, doch zwischen dem Programmieren und der Familie fand er selten Zeit für ein Casting.

«Und so bringe ich eben Autos das Sprechen bei», sagte er und hob sein *nama-bīru*, ein frisch Gezapftes vom Fass, «Kampai».

Zum Trinken braucht man einen Anlass. Das lernt man

nirgendwo besser als auf dem russischen Land. Trink aus Freude. Trink aus Trauer. Trink auf den Feierabend oder trink darauf, dass deine Schicht eben erst begonnen hat. Hab keine Scheu, aus Lust zu trinken, trink ruhig aus Wut, trink zum Aufwachen, trink zum Einschlafen, aber, Brüderchen, trink niemals grundlos, denn wer ohne Anlass trinkt, ist Alkoholiker. An diesem Abend tranken wir auf mein Versprechen, und ich musste Noiman-san nicht erklären, worauf ich anspielte.

Vor sieben Jahren waren wir durch Omoide Yokochō gezogen, die Straßen der Erinnerung. Sie beginnen am westlichen Ausgang von Shinjuku Station und führen hinein in eine andere Zeit. Durch die Fenster des Izakayas, in dem wir damals saßen, hätten wir den Gestalten in der gegenüberliegenden Kneipe beinahe die Hände schütteln können, so eng standen die halb offenen Holzklausen zusammen. Die Gassen waren mit Schwaden und Stimmen gefüllt, und die Lampions leuchteten so sentimental wie manches Licht, das einmal in unseren Herzen aufgeflackert und längst wieder verglimmt war. Als ich anfing, von der großen Liebe zu erzählen, musste Christoph schmunzeln.

«Wenn du sie gefunden hast», sagte er und fasste meine Schulter, «dann komm nach Japan zurück und bring sie mit. Mal sehen, in welchem Teil der Erde du ihr begegnest», und während wir hier, in Tokyo, unserem Selbstmitleid erlegen waren, hatte ich nicht ahnen können, dass Natsumi zur gleichen Zeit in Hamburg lebte, keine fünfhundert Meter von meiner Wohnung entfernt. Das war die Pointe dieser weltweiten Suche.

«Da hast du aber eine gute Wahl getroffen.» Noiman-san stieß mit uns an, doch in dem Cheers, mit dem er uns seinen Segen gab, lag auch ein Schuss Melancholie. Dass er nun mit einer Chinesin liiert war und sie vor den Altar einer Kathedrale in Shanghai geführt hatte, wirkte geradezu wie ein Statement. Christoph hatte seine Jahre als berühmtester Deutscher in einem Buch verewigt, dem er den geschmackvollen Titel «Darum nerven Japaner» gab. Hier auf den Inseln floppte es zunächst, und als er das Manuskript, so erzählt er gerne, in Deutschland angeboten habe, sei es von acht Verlagen abgelehnt worden. Der neunte aber, kein schlechter nebenbei, griff zu, und mittlerweile sind seine Kurzgeschichten über den «ungeschminkten Wahnsinn des japanischen Alltags» so berüchtigt, dass er einen zweiten Band nachgelegt hat. Darin finden sich kleine, liebevolle Beobachtungen, aber auch bissige Geschichten über Doppelmoral und den Chauvinismus des japanischen Mannes, der seine Ehefrau noch immer wie eine Dienerin behandele, wenn er nach Schicht und Izakaya die Wohnung betrete: Bring Tee, lass das Badewasser ein, kraul mir gefälligst den Nacken. Christoph schreibt auch über das Justizsystem und wie krank es doch sei. Neunundneunzig Prozent aller Beschuldigten, die auf einer japanischen Anklagebank landeten, würden später verurteilt, zitiert er Statistiken. Warum? Es gehe um das Ansehen des Staatsanwalts. Ein Freispruch würde bedeuten, er habe schlampig recherchiert.

Der Epilog seiner autobiographischen Studien trägt die Überschrift «Willkommen in Japan, ihr Arschlöcher!», und genau so liest er sich. Auf zwei Dutzend Seiten rechnet Noiman-san mit seinem Schicksalsland ab. Im Grunde würden sich Japaner nur für Japaner interessieren, und wenn sie ihn dafür lobten, wie hervorragend er mit Stäbchen essen könne, würde es doch nur beweisen, wie sehr Japaner daran zweifelten, dass Gaijin echte Menschen sind. Nein, für viele sei ein Ausländer nichts weiter als ein potenzieller Verbrecher.

«Ich musste schon ein paar Mal mit meiner Lektorin streiten, bis ich die ‹Arschlöcher› und das Ausrufezeichen durchgedrückt hatte», zwinkerte Christoph. «Es ist doch wahr: Die Japaner brauchen uns, aber wenn sie ehrlich sind, wollen sie gar keine Ausländer in ihrem Land haben. Jeder von uns hört früher oder später den Satz: Wann fährst du eigentlich zurück nach Hause?»

Man könnte meinen, Christoph würde Japan nicht wertschätzen. Man könnte ihn undankbar nennen, und einige seiner Leser taten es auch. Ich hatte ihn vor sieben Jahren gefragt, ob er Japaner hasse, und noch in derselben Sekunde die Angst gespürt, jemand könne seine Texte so interpretieren. Dann etwa, wenn er sich über Grunz- und Schlürflaute ausließ. Oder wenn er Verkäuferinnen mit Schafen verglich, weil sie zur Begrüßung alle das gleiche, monotone «Irasshaimase!» durch die Regale blökten, wenn er einen Supermarkt betrete. «Ja, möglicherweise sollte ich noch ein drittes, versöhnlicheres Buch zu Papier bringen», sagte Christoph jetzt und nickte.

Dabei bereute er kein einziges Wort. Wenn es um Japan geht, sieht er sich selbst als Dr. Jekyll und Mr. Hyde. Wäre er auch ein Romantiker, könnte man sagen, er wünschte sich nur, dass dieses Land ihn genauso liebte, wie er es liebte. Dieses Gefühl schwingt in jedem Satz seines besten Kapitels mit. Es gibt sich leise und einfühlsam und trägt den Namen «Die Stunde Null»: Christoph kehrt nach der

Mittagspause in sein Büro zurück, fährt den Rechner hoch, gibt sein Passwort ein, und mit einem Mal knirschen die Fenster. Bald unterbricht das Fernsehen sein Programm. Ein Sprecher ruft dazu auf, sich in Sicherheit zu bringen. Er trägt einen Schutzhelm, während die Wolkenkratzer vor den Studiofenstern hin- und herwanken. Büropflanzen stürzen von den Regalen, Glas bricht, Christoph kriecht unter seinen Schreibtisch, doch kurz darauf rennt er die vielen Stufen hinab ins Freie, zu den Massen auf der Straße. Sein Vorgesetzter dagegen gibt sich gelassen, er schlendert aus der Tür, ein kaum zu deutendes Lächeln auf den Lippen. Der Mann scheint dem richtigen Instinkt zu folgen. Minuten später hat sich die Erde beruhigt, die Hausverwaltung gibt Entwarnung, und die ersten Mitarbeiter kehren gefasst in ihre Abteilungen zurück. Da bewegt sich mit einem Mal das Pflaster, Menschen verlieren den festen Stand, einige schreien, andere verstummen, das erste Nachbeben hat die Stadt getroffen. Christoph flüchtet in einen Park, nur weg von den Häusern, setzt sich auf die Kante eines Brunnens und beobachtet die Vögel. Sie kreisen über ihm, selbst die Tauben, die doch sonst überall nur hocken und picken und trippeln und tapsen. Er blickt auf sein Telefon: tot. Er betrachtet die Brunnenfontäne: Das Wasser spritzt in alle Richtungen. Es ist das nächste Beben, dem noch so viele folgen sollen, dreimal wird er in der Nacht geweckt. Ein Tsunami trifft die Ostküste, wenig später explodiert ein Reaktorblock in Fukushima, und plötzlich, während Scharen von Gaijin in Flugzeuge steigen, zurück in ihre Heimatländer, fühlt sich mancher Japaner von ihnen im Stich gelassen.

Wie gern hätte er dieser Apokalypse mehr als nur ein

Kapitel gewidmet, sinnierte Christoph über dem Rest in seinem Glas. «Aber du kennst ja die Verlage.» Fünf Jahre waren seither vergangen, da sei es doch Zeit, sich den einen Tag im März, der alles verändert hatte, von der Seele zu schreiben, oder nicht? Doch wie sollte er in diesem Buch bloß seinen schwarzen Humor unterbringen?

Mag sein, dass unser Freund in aller Stille seinen Absprung vorbereitete, vielleicht, um der berühmteste Deutsche in China zu werden, und auch wir planten, Tokyo zu verlassen, bereits am nächsten Morgen. So sangen wir unser letztes Kampai in einem Irish Pub, einer typischen Gaijin-Bar, in die man einkehrt, um einen Ausländer kennenzulernen. Als einige noch Gründe zum Trinken fanden, hingen andere schon kopfüber in den Waschbecken. Die Übrigen inhalierten den Bierdunst, der schwer und süßlich durch die Kneipe zog, während mir eine Japanerin zunächst einen unanständigen Blick schenkte und dann verriet, dass sie mich für Michael J. Fox hielt.

Auf dem Weg zur letzten U-Bahn, die noch durch diese Nacht fuhr, war Natsumi in Gedanken schon auf Reisen. «Gibt es etwas, das wir unterwegs auf gar keinen Fall verpassen dürfen?», fragte sie, während der warme Regen auf ihren Schirm prasselte. Christoph schien jeden Tropfen adoptieren zu wollen. Er grinste, als wir Lebwohl sagten und sein Pünktchenhemd wie eine zweite Haut an ihm klebte.

«Ein Erdbeben!», rief er uns nach. «Ernsthaft. Die Wahrscheinlichkeit, dass ihr dabei draufgeht, ist winzig. Also genießt es und lasst euch mal ordentlich durchschütteln. Ihr seid in den Flitterwochen!»

RITT AUF DER FLIEGENDEN KUGEL

IM SCHNELLZUG NACH SENDAI

Drei Damen hockten in dem Schalterhäuschen. «Drei, die mal wieder nichts zu tun haben», zischelte Natsumi und zeigte ihr höflichstes Lächeln, während wir uns dem Trio in der Bahnhofshalle näherten. Gleiches dachte sie über den Helmträger auf der Kreuzung vor der Station. Er hielt ein blinkendes Schild in den Smog und gab darauf acht, dass niemand in die Großbaustelle kurvte. «Da hätte man doch auch Hütchen hinstellen können», meinte sie und erinnerte an den armen Kerl, den wir gleich zu Beginn unserer Reise am Flughafen Haneda beobachtet hatten. Damit die Koffer der Ankommenden keine Schrammen davontrugen, wenn sie von einer Rampe auf das Rollband rutschten, federte er die Gepäckstücke mit bloßen Händen ab. So prallte Kilo für Kilo auf seine Gelenke, und es schien nur eine Frage der Zeit zu sein, bis ihn seine Wirbelsäule in Frühpension schicken würde. Arbeitsbeschaffungsmaßnahmen nannte Natsumi solche Tätigkeiten, die aus ihrer Sicht keine waren, und genauso schwer fiel es ihr zuweilen, meinen Beruf als Beruf zu akzeptieren. Wie kann man bloß dasitzen, an seinem Schreibtisch, und tagelang keinen einzigen geraden Satz zustande bringen? «Schreib doch einfach!», pflegte sie mir in solchen Phasen zu raten.

Natsumi beendete ihren morgendlichen Diskurs, als uns die drei Damen bemerkten. Etwas übereilt, eine ganze Weile bevor wir sie erreichten, erhoben sie sich von ihren Drehstühlen. Die eine wischte sich ein Strähnchen aus dem Gesicht, die zweite strich ihren Blazer zurecht und legte ihre kribbeligen Finger übereinander, damit sie nicht wie Raupen tanzten. Nun deutete die dritte Dame eine Verbeugung an und begrüßte uns mit einem pflichtgetreuen, aber kurzatmigen «Goodo Mōningu», während wir noch geschätzte viereinhalb Meter von ihrem Tresen entfernt waren, und mit jedem unserer Schritte schien sich ihr Puls ein wenig zu beschleunigen.

Die Furcht davor, eine Fremdsprache zu sprechen, ist nirgends so zu spüren wie in diesem Land. Deutsche mögen maulfaul sein, ihre Grammatik ist abenteuerlich, und ihre Artikulation grenzt an ein Verbrechen, aber haben sie erst mal eine gewisse Schwelle überwunden, löst sich die Zunge. Andere gehen noch viel weiter. Sie versuchen sich nicht nur an der fremden Sprache, sie interpretieren sie, fügen Worte und Wendungen hinzu und verleihen ihr einen eigenen, gnadenlos selbstbewussten Sound, ein Klicken, ein Pfeifen, ein Rollen. So wie seinerzeit der korrupte madegassische Bürgermeister, der sein Kolonialfranzösisch wie ein Operettensänger intonierte, als ich versuchte, mit ihm über sein politisches Œuvre zu parlieren. «Voilà, die Franzosen essen Frösche, und die Madegassen essen Reis», so begründete er den jüngsten Putsch auf seiner Insel.

In Japan aber regiert die Scham. Versuche, niemals

dein Gesicht zu verlieren, und wenn es doch geschieht, dann gewinne es auf gewandtestem Wege zurück. So komplex dieses sensible Prinzip der Selbstkontrolle erscheint, so leicht ist es manchmal zu hintergehen, zumindest für einen Gaijin. Ich habe ihn immer noch vor Augen, diesen zwei Meter hohen Sessel in einem Hotel in Kabukichō, der mit seinen exzentrischen Verzierungen wie ein Thron wirkte. Er hatte so sehr aus dem Understatement der Lobby herausgestochen, dass ich mich damals einfach hineinsetzen musste. Dann bat ich Zak the Mac, den Playboy-Fotografen, diesen majestätischen Moment mit seiner Kamera zu dokumentieren. In solchen Fällen ist es überall auf der Welt leichter, nachher um Vergebung zu bitten, als vorher um eine Erlaubnis. In Japan jedoch kann es passieren, dass einem der Geschädigte mit seiner Entschuldigung zuvorkommt.

«Verzeihen Sie», wandte sich der Manager des Hauses an mich, nachdem er auf uns aufmerksam geworden war, «es tut mir sehr leid, aber bedauerlicherweise ist es nicht gestattet, den Empfangsbereich zu fotografieren.»

«Oh.»

«Dürfte ich Ihnen vielleicht einen anderen Ort empfehlen, an dem Sie Ihre Aufnahmen fortsetzen können?»

«Gerne.»

«Vielen Dank für Ihr Verständnis. Was würden Sie denn dafür benötigen?»

«Diesen Stuhl und dieses Foyer.»

Nun dachte der Manager nach, aber nur für Sekunden. Dann trat er einen Schritt zurück.

«Ausgezeichnet», sagte er, «fahren Sie bitte fort.»

Die drei in der Bahnhofshalle verneigten sich ein weiteres Mal. «How may we ...», begann die Rechte zögernd, «help you?» Dass Natsumi die Tochter einer japanischen Mutter ist, sahen sie ihr nicht an. Niemand in Tokyo erkannte sie als *hāfu*. Dafür ist ihr kinnlanges Haar eine Nuance zu brünett und um eine halbe Locke zu kraus. Ihre Nase ist zu sehr Nofretete, ihr Teint zu lieblich, und gewiss ist sie höher gewachsen als die meisten auf diesem Kontinent, weshalb man ihre Wurzeln in der arabischen Welt, an den Ufern der Ägäis oder irgendwo in den Anden vermutet. Je farbenfroher sie sich kleidet, desto mehr ähnelt sie einer Latina, und bindet sie sich ein Kopftuch um, könnte man sie tatsächlich für eine Türkin halten. «Sie sprechen aber gut Japanisch», wunderten sich die Leute immer wieder.

Natsumi kümmerte das alles nicht, aber sie wirkte nach wie vor erstaunt darüber, wie ineffizient hier gearbeitet wurde. Für ihr Gehalt sollten die drei Bahnangestellten, bitte schön, etwas leisten, dachte sie wohl. So entschied sie sich, ihr kleines Geheimnis zu wahren und mich mit den Damen reden zu lassen, worauf die Damen entschieden, freundlich zu bleiben, aber nicht sonderlich viele Worte zu verlieren. Dafür wurden sie jetzt umso tatkräftiger. Japan ist als Hightech-Land bekannt, aber einige Angelegenheiten löst man hier noch auf verblüffend analoge Weise. Etwa wenn es darum geht, ein Freifahrticket für die Fernzüge des Landes auszustellen. Der legendäre Japan Rail Pass beweist, dass es auch Vorteile hat, ein Gaijin zu sein. Nur Ausländer dürfen ihn erwerben, und je nachdem, wohin die Reise gehen soll und wie lange man unterwegs sein möchte, kann er drei-, vierhundert Dollar kosten. Die Investition lohnt sich, denn Bahnfahren ist kostspielig, und Japan ist nicht Thailand.

Innerhalb der japanischen Grenzen sind die Pässe jedoch nicht zu bekommen. Also sucht der Gaijin ein heimisches Reisebüro auf und beantragt dort einen Gutschein, der kurz vor Abflug postalisch zugestellt wird. Mit diesem Gutschein begibt er sich nach Japan, um ihn schließlich dorthin zu tragen, wo er hergekommen ist, und so läuft der Gaijin irgendwann auf ein Trio in irgendeinem Bahnhof des Landes zu und löst ihn dort ein. Wäre das Verfahren nicht so hoffnungslos antiquiert, würden die drei also gar nicht hinter ihrem Schalter sitzen, und vielleicht erklärt dieser Schwank aus den Tiefen der Bürokratie, warum die japanische Wirtschaft zu kämpfen hat, während die Arbeitslosenquote auf den niedrigsten Stand seit zwanzig Jahren gesunken ist.

Die Rechte nahm unsere Gutscheine, Reisepässe und andere Unterlagen entgegen, um sie der Mittleren zu reichen, die einige Stellen in den Dokumenten mit einem leuchtend grünen Textmarker hervorhob. Nun war die Linke an der Reihe. Sie kennzeichnete weitere Worte und Zahlen in signalgelber Farbe, bevor die Schriftstücke zurück in die Obhut der Mittleren wanderten. Deren Aufgabe war es nun, jede Seite mit einem runden, siegelroten Stempel zu versehen. Daraufhin zog die Linke zwei jungfräuliche Rail-Pässe aus ihrer Ordnung, um sie zunächst allein, anschließend dann vereint mit der Mittleren wie eine Seite im Poesiealbum zu dekorieren. Nach diesem faszinierenden Ritual empfingen wir die Tickets aus den Händen der Rechten, die in aufgesagtem, aber charmant autoritärem Englisch auf den Wert unserer Dokumente hinwies: «Please do not lose them, because we're not able to give you new ones.»

«Hai, wakarimashita!», rief Natsumi, jawohl, wir haben verstanden, und das dreistimmig kichernde Echo vernahmen wir noch aus gut und gerne viereinhalb Metern Distanz.

Wäre das Leben ein Film, so würde nun eine halbnahe Aufnahme des Schaffners folgen. Er reckt seine Kelle in den Eisenbahndampf, bläst die Signalpfeife, und das nächste Bild zeigt Natsumi, wie sie träumerisch durch das Waggonfenster in die Ferne blickt. Wind, was mag wohl hinter den abertausend Häusern liegen, die uns ach so lange umzingelt hielten?

Die Realität dagegen ist erbarmungslos. Wir fanden uns noch längst nicht am Gleis, sondern erst einmal am Ende einer beachtlichen Reihe wieder, die sich durch das Reisezentrum von Japan Railways schlängelte. Die gute alte Staatsbahn ist zwar vor dreißig Jahren privatisiert worden, doch seltsamerweise schien die Ausstattung ihrer Amtsstuben in den achtziger Jahren stehen geblieben zu sein. Nostalgisch ratterten die Nadeldrucker hinter den Tresen der Beschäftigten, die noch mit Taschenrechnern hantierten. Im surrenden Röhrenlicht wirkten sie ähnlich fahl wie die Spiralkabel an den telekommunikativen Knochen, mit denen sie ins Land hinausriefen. Diese Angestellten, in ebenjener verstaubten Kulisse, zeichneten ausgerechnet für den Shinkansen verantwortlich, den berühmten ersten Hochgeschwindigkeitszug der Welt.

Als wir vorgerückt waren, begann Natsumi, ihre Reisewünsche zu verlesen. Meinetwegen hätten wir Wochen in Tokyo verbringen können, doch spätestens nach drei Nächten an einem Fleck breitete sich die Langeweile in ihr aus. So plante sie mehr als ein Dutzend Stationen für unseren Sommer, die sich wie an einer Perlenschnur über die Inseln zogen. Von nun an würden wir auf die japanische Art flittern, hatte sie beschlossen, wach und zackig, ohne eine Minute zu verlieren.

Der Shinkansen wird wie ein Flug gebucht, feste Plätze zu festen Zeiten, und Natsumi hatte sich präzise überlegt, wann wir in den kommenden Tagen an welchen Orten zu sein hatten, um unseren Honeymoon gründlich abzuarbeiten. Jetzt zeigte sich die große Stärke des japanischen Gemüts. Mit endloser Nachsicht notierte der Bahnmitarbeiter all ihre Daten und Uhrzeiten, um sie daraufhin in seinen farblosen Rechner zu tippen. Als einer der Nadeldrucker ans Werk ging, entschuldigte sich der Herr, um mit einer Auswahl geeigneter Verbindungen zurückzukehren, die er mit Natsumi diskutierte, bevor sie mir übersetzte. Nachdem wir uns ausgiebig beraten hatten, teilte sie ihm unsere Präferenzen mit, und der Bedauernswerte konnte damit beginnen, Sitzplätze in den favorisierten Zügen zu blocken. So legte er peu à peu die Zettelchen mit den Reservierungen auf den Tresen, jeweils einen für Natsumi und einen für mich. Er arrangierte sie in zwei Reihen à vier Karten, fast wie ein Memory, korrigierte hier und da ihre Position und drehte sie in unsere Richtung. In anderen Ländern hätte man uns jetzt subtil oder weniger subtil zum Gehen aufgefordert. Dem Herrn aber war es ein Anliegen, die Bedeutung jedes einzelnen Kärtchens zu erklären und dabei die Abfahrtszeiten mit einem Stift zu unterstreichen. Nun druckte er die Umstiege aus und erläuterte sie ebenfalls, um alle Schriftstücke alsdann zu fächern, geflissentlich in ein Kuvert zu führen und sich dankend zu verneigen. Geduld ist die Kunst, nur langsam wütend zu werden, heißt es im Japanischen. Erst am Ende der Zeremonie verriet er, dass er jahrelang in Berlin gelebt und dort Deutsch studiert hatte.

Es werde mir sicher gefallen, auf dem Rücken einer Kugel zu reiten, schwärmte Natsumi. Der Bullet Train, wie der Shinkansen liebevoll genannt wird, erschien mir wie ein großes Versprechen, und ich freute mich darauf, in diesem aerodynamischen Wunder in alle Winde zu schießen. Als er sich grollend näherte, hätte sich also das Fernweh in mir rühren sollen. Stattdessen musste ich an Vorstellungsgespräche denken. Eine klassische Frage aus dem Bereich der Küchenpsychologie lautet: «Wenn Sie ein Tier wären, welches wären Sie dann?» In solchen Fällen soll sich der Jobkandidat geschmeidig wie ein Tiger, weitsichtig wie ein Adler oder zumindest fleißig wie eine Honigbiene geben. Seegurke und Qualle scheiden tendenziell aus, es sei denn, man bewirbt sich als menschliches Stück Schaumstoff am Flughafen Haneda. Das Maskottchen, das die Hochgeschwindigkeitszüge von Japan Railways zierte, den Stolz einer ganzen Nation, war ein Erpel. Ein traniger Erpel in einer viel zu weit geschnittenen Schaffneruniform. Natsumi fand ihn zwar niedlich und wies mich darauf hin, wie sehr die lang gezogene, ultraflache Front des Zuges einem Schnabel gleiche. Doch das metallisch glänzende Geschoss, das uns durch Japan tragen sollte, umgab eher das Charisma eines weißen Hais.

Der Shinkansen hielt punktgenau dort, wo er halten sollte, die Passagiere stiegen zügig aus, und wir verharrten in einer von zwei Reihen, die mit Farbe auf dem Bahnsteig vorgezeichnet waren. Bald wurden Absperrbänder in die Türrahmen gespannt, und während wir auf Einlass warteten, beobachteten wir einen Putzmann, der durch das Großraumabteil wirbelte. Auf welche Kreatur war wohl die Wahl des Mannes gefallen, als er sich bei Japan Railways vorgestellt hatte? War er demütig als Ameise aufgetreten, obwohl ein Pferd in ihm steckte? Sicher kein Wildhengst und auch kein Galopper, aber doch ein loyaler Begleiter, der sich nach Kräften mühte, das Tempo seiner Kollegen mitzugehen. Jedem von ihnen war ein Waggon zugeteilt worden, jedem blieben nur sieben Minuten, und in dieser Zeit hatte unser Freund nicht weniger als einhundert Plätze zu reinigen. Vierzehn Sekunden pro Sessel. Mit Verve sammelte er die Abfälle auf, er säuberte jedes Tablett, er öffnete jede Sonnenblende und überprüfte jede Ablage auf liegen gebliebenes Gepäck. Er drehte jede Sitzreihe in Fahrtrichtung, wischte jeden Zentimeter des Fußbodens, und nun musste er auch schon aus der Tür hasten, um sich in einer Linie mit dem gesamten Putztrupp vor uns aufzustellen. Auf ein Zeichen hin senkte er Kopf und Oberkörper, atemlos, aber stolz.

Die japanischen Schnellzüge kamen in diesem Jahr auf eine durchschnittliche Verspätung von sechsunddreißig Sekunden. Diese sechsunddreißig Sekunden verfolgten das Personal wie sechsunddreißig Messer, dennoch verließen wir die Hauptstadt mit einem unverzeihlichen Delay von drei Minuten. So gestand es der Zugchef wortreich in einer Durchsage, und er beteuerte, alles daranzusetzen, diese Schande zu tilgen.

Während sich der Shinkansen noch bedächtig an den

Häuserreihen vorbeibewegte, zog bereits eine Sojanote durch den Wagen, die von Stadtkilometer zu Stadtkilometer intensiver wurde. Es war Mittag, und in jeder Reihe öffneten sich Schachteln, Kästen und Kistchen. Einige aus Kunststoff, manche aus glänzend lackiertem Holz, andere aus Bambusblättern gefaltet. Ein solches *ekiben* gehört zu jeder japanischen Zugreise. Der Name setzt sich aus *bento*, Essen zum Mitnehmen, und *eki*, Bahnhof, zusammen, und ebendort sind die kleinen Lunchpakete auch zu erwerben. Ich hatte dabei mehr auf Optik geachtet als auf alles andere: Meine Mahlzeit verbarg sich in einer Lokomotive aus Karton mit der Aufschrift «Cassiopeia». Daran schien auch das kleine Mädchen Gefallen zu finden, das in der Reihe neben uns saß und sich ein ums andere Mal neugierig die Brille auf die Stupsnase drückte. Je nach Region gibt es die *ekiben* in Keramik, Tontöpfen oder winzigen Kommoden mit Schubladen, und immer hüten sie eine lokale Spezialität. Die Kunst ist nur, sie zu identifizieren.

«Darin könnte etwas mit Hühnchen sein», hatte Natsumi vermutet, als mein Blick auf eine der Boxen in der Auslage gefallen war. «Nein, das da wird dir eher nicht schmecken», orakelte sie über ein zweites *ekiben*, das neben einem Dutzend anderer Speisen mit Seeigel und Innereien bestückt war. Zwar musste Natsumi in ihrer Jugend eine private japanische Schule besuchen, Samstag für Samstag, und so kennt sie die meisten Schriftzeichen, die Hiragana, die Katakana und die Kanji, die aus dem Chinesischen stammen. Bei Speisekarten und Inhaltsangaben endete jedoch ihre Expertise, und es gefiel mir, etwas zu kaufen, über das ich nichts wusste. *Ekiben* sind Wunderkästen. Der bläulich schimmernde Pilz im Maschinenraum meiner Lok entpuppte sich als Aubergine, der Bissen Seetang überraschte mich mit einer eigenwilligen schwarzen Füllung, und immer wenn ich glaubte, jetzt wird es süß, wurde es salzig oder sauer oder scharf.

Ob das ein Sinnbild für unsere Reise war? Natsumi hatte sie wie ein *ekiben* gefüllt, mit Etappen, die mir wenig sagten, aber umso mehr verhießen: das Lichtermeer von Hakodate, der Vulkan von Kagoshima, die sieben Höllen von Beppu. «Ich bin bereit, überall hinzugehen, vorausgesetzt, der Weg führt vorwärts», sprach Livingstone, und genauso fühlte ich mich, während der weiße Hai zu jagen begann. Bald schnitt der Shinkansen durch die steinerne Welt hinter den Fenstern, als wäre er weder an Raum noch an Zeit gebunden. Er steuerte Sendai an, auch bekannt als *mori no miyako*, die Stadt der Bäume. Sendai liegt anderthalb Stunden nördlich von Tokyo und damit ganz in der Nähe einer Gegend, die zu den «drei schönsten Landschaften Japans» gezählt wird. Als Natsumi mir das erste Mal von ihnen erzählt hatte, fürchtete ich, sie hätte wieder eine ihrer Listen erstellt. Doch es zeigte sich, dass die *nihon sankei* eine Art Markenzeichen waren, ein offizielles Gütesiegel. Etwas, das man gesehen haben musste wie die «Big Five» des Schwarzen Kontinents, die Elefanten, Nashörner, Büffel, Löwen und Leoparden.

Ein konfuzianischer Gelehrter traf die Auslese vor vielen hundert Jahren. Seine *sankei* rivalisieren nicht. Es gibt keinen ersten, zweiten und dritten Rang. Sie ergänzen sich wie Brüder: Miyajima, die Schreininsel. Matsushima, das Inselreich. Amanohashidate, die grüne Brücke zum Himmel.

Irgendwann muss diese Stadt doch enden, dachte ich, während sie vor den Zugfenstern vorbeiflog. Aber Tokyo zerfaserte nur, um sich wieder und wieder aufzutürmen. Auch das Innere des Shinkansen war wohl in eine Schleife geraten. In kurzen, regelmäßigen Abständen stellte sich eine Bedienstete vor, jedes Mal mit ein und denselben Worten, wenn sie das Abteil mit dem Servierwagen betrat. Nach ihrer kieksenden, immergleich bezaubernden Einleitung verbeugte sie sich, offerierte Tee und Reisbällchen mit Thunfisch und bescherte uns bald darauf das nächste Déjà-vu. Der Schaffner indes wurde nicht müde, die Waschräume und jeden Abfalleimer zu inspizieren. Wenn er im Laufe seiner Routine einen Waggon durchquert hatte, und sei es nur, um ihn zu durchqueren, machte er an dessen Ende auf dem Absatz kehrt und verneigte sich vor den Passagieren. Auch wenn ihn dabei niemand zu beachten schien.

So ging es eine Zeit, bis ich zufrieden einschlief. Davor fragte ich mich noch, was an dieser Fahrt so anders war. Anders als in all den Zügen, die durch Europa rollten. Irgendetwas fehlte. Damals wollte es mir nicht gleich einfallen. Heute würde ich sagen, es war die Sorge, die immer mitreist, bewusst oder unbewusst. Die Sorge, das verkehrte Ticket gekauft zu haben, die Sorge, keinen Sitzplatz zu finden und über Stunden stehen zu müssen, die Sorge, bei der Ankunft nicht schnell genug den Ausgang zu erreichen, weil sich Taschen, Trolleys und Insassen in den Gängen verkeilen. Japaner reisen ohne nennenswerten Ballast. Sie schicken ihre Koffer per Kurier voraus und sehen sie erst wieder, wenn sie die Tür ihres Hotelzimmers öffnen. Ist der Zug ausgebucht, so ist er eben ausgebucht, und warum sollte sich der Schaffner damit aufhalten, Fahrkarten zu kontrollieren, wenn das doch bereits im Bahnhof geschehen ist? All diese Regeln wirken zwanghaft, zeitraubend und lästig, doch letztendlich machen sie frei. Zumindest den, der die Regeln achtet.

Leider hatte ich Natsumi bloß irritiert angesehen, als sie zweitausend Yen investieren wollte, um uns von unserem Gepäck zu befreien. So hatte ich es durch die Unterwelt gezerrt, bei einhundert kritischen Blicken im Shinkansen verstaut, und nun hievte ich es über die Treppen, die Fußgängerbrücken und all den formlosen Waschbeton von Sendai.

Die Stadt der Bäume hieß uns im Tagesgrau willkommen, versiegelte Böden, verwaiste Plätze, umringt von Bürosilos. Es war, als wären wir wieder in Tokyo ausgestiegen, in einem Viertel abseits des Rock 'n' Roll. Die wenigen Wagen aber, die vorüberfuhren, erschienen mir wuchtiger als alle anderen, die wir in den Tagen zuvor gesehen hatten. Ihre Reifen waren breiter, die Motoren grimmiger, ihr Sound satter, das Profil dreckiger, als kämen sie direkt aus dem Gelände, und wenn wir auch nirgends etwas Grünes entdecken konnten, so lag es doch bereits in der Luft. Mit geschlossenen Lidern war dieser Ort eine Wiese, über die ab und an ein Rasenmäher brauste.

MATSUSHIMA, AH!

DIE MÄRCHENBUCHT UND DER TSUNAMI

Hast du das bemerkt?»

Natsumi rüttelte mich wach, es war noch kaum hell, und ich konnte mir beim besten Willen nicht erklären, wovon sie sprach.

«Das Erdbeben!»

Sie sprang auf, um den Fernseher anzuschalten. Ihr Arm habe vibriert, erzählte Natsumi und nestelte an ihrem Pyjama. Dann sei der Wecker auf dem Nachttisch hintenüber gekippt.

«Und den Alarm auf dem Flur», sagte sie, «den hast du auch nicht gehört?»

Ich wiegte müde den Kopf, während die Nachrichten tatsächlich über mehrere Erdstöße auf Hokkaidō berichteten. Aus unserer Gegend schien es jedoch keine Neuigkeiten zu geben.

«Dafür ist es wohl einfach noch zu früh», meinte Natsumi, «wir haben es ja gerade erst hinter uns», und schon eilte sie aus dem Zimmer und die Treppen hinunter zur Rezeption.

Ich blieb liegen und betrachtete den Wecker auf dem

Nachttisch. Bis dahin hatte ich nur ein einziges Beben erlebt, vor Jahren in Bologna, und auch damals war ich wohl der Letzte, der es registrierte. Ich wollte gerade auschecken, da stockte die Concierge. Sie stützte sich auf dem Tresen ab, als sei ihr nicht wohl, und mit einem Mal begannen die Zimmerschlüssel, die hinter ihr hingen, wie Pendel hin und her zu schwingen. «Oh mio Dio», stieß sie hervor, und ich stieg in ein Taxi, um so schnell wie möglich wegzukommen. Auf der Fahrt zum Flughafen sah ich, wie eine ganze Stadt aus den Häusern eilte, Alte und Junge, Schüler und Geschäftsleute, Kranke aus dem Hospital, wenn sie denn laufen konnten, andere schob man in Rollstühlen und Betten auf die Straße. Nicht jeder glaubt an Gott, aber umso mehr verlässt sich der Mensch auf den Boden unter seinen Füßen. Wenn der nachgibt, wird nicht nur sein Gleichgewicht, sondern auch sein Vertrauen erschüttert. Dann ruft er plötzlich doch nach einem Schöpfer – es muss schließlich jemanden geben, der für all das verantwortlich ist. Und wer weiß? Vielleicht sitzt er da oben in einer Wolke, schmaucht seine Pfeife und lässt die grau behaarten Beine baumeln.

Was hast du dir bloß dabei gedacht, würde ich ihn fragen, sollte ich ihm eines Tages gegenüberstehen. Welche deiner Launen brachte dich dazu, eine Flutwelle über die Inseln von Japan rollen zu lassen, die Tausende das Leben kostete? Das Epizentrum des großen Bebens im Jahre 2011 lag einhundert Kilometer vor der Küste von Sendai. Der Tsunami überschwemmte den Flugplatz, und es kursiert eine Aufnahme, die zeigt, wie er in den Hafen dringt und sich dort ausbreitet. «Sugoi! Sugoi!», rufen die Leute, die sich auf das Flachdach eines Kaufhauses geflüchtet haben, ohne zu begreifen, dass dies kein Szenario für ein «Wow!» ist. Sie lachen sogar im Übersprung, als sich das Meer in der Ferne erhebt. Die Wasserwalze färbt sich schwarz, und wie nach und nach zu erkennen ist, treibt sie Container, Baracken und einen ganzen Parkplatz voller Autos, Motorräder und Lieferwagen vor sich her. Sie reißt Nadelbäume mit sich, knickt Strommasten wie Bambuszweige und legt Häuser in Trümmer, während die Gruppe noch immer ungläubig das Schauspiel verfolgt.

In den Wochen darauf wurden einige meiner Journalistenfreunde nach Japan beordert, und man wollte ihnen noch in den Redaktionsräumen kondolieren, so surreal wirkten die Bilder aus der Ferne. Was würde aus Fukushima werden? Würde das Kernkraftwerk tatsächlich in Flammen aufgehen? Würde eine radioaktive Wolke aufsteigen, und würde sie, wenn der Wind ungünstig stand, nach Tokyo ziehen? Die Einheimischen aber schienen das Inferno mit einer sonderbaren Haltung zu ertragen. Wo war das Weinen, das Klagen, das Zetern, wo waren all die Gefühle, die der Mensch gewöhnlich nach außen trägt? Vielleicht ragten sie wie Stacheln in ihr Inneres, dachte ich mir.

Natsumi wirkte irritiert, als sie zurückkehrte. An der Rezeption wisse man weder von einem Erdbeben noch von einem Alarm auf dem Flur. Doch selbst wenn es Alarm gegeben hätte, wäre wohl niemand in Panik verfallen. Japan ist auf losem Grund erbaut, und siebzigmal im Monat beginnt er zu schwingen. Ob sie sich den vibrierenden Arm und den kippelnden Wecker nur eingebildet hatte? Phantasie und Realität lagen in ihrer Familie bisweilen dicht beieinander. Erst vor kurzem war ihre Mutter aus dem Bett gefallen, weil sie von einer angriffslustigen Wildkatze geträumt hatte. Danach musste sie am Kinn genäht werden.

«Wahrscheinlich hatte die Rezeption gerade Schichtwechsel.» Natsumi schob die Vorhänge beiseite, um wenigstens die Sonne aufgehen zu sehen, doch dahinter kam bloß ein bedrückendes Wolkenzelt zum Vorschein. Allmählich brach die Regenzeit an.

Kriege, Katastrophen und untergegangene Dynastien haben eines gemeinsam: Am Ende kommen Touristen. Eine Zeitlang soll es geführte Bustouren durch die zerstörten Gebiete von Sendai gegeben haben. Inzwischen aber vermittelte die Stadt den Eindruck, als sei nie etwas geschehen.

So auch die lokale Touristeninformation. Die Kataloge in den Regalen, die Broschüren in den Sitzecken, sie alle wisperten: Ach, weißt du, man müsste mal. Man müsste mal dieses tun, man müsste sich mal jenes ansehen, man müsste mal herausfinden, wie man dort hinkommt und was es kostet, aber lass uns beizeiten wieder darüber reden, denn daheim ist es warm und doch sowieso am schönsten. Man müsste mal herausfinden, warum ich in Touristeninformationen immer so lethargisch werde. An diesem Ort des Zauderns aber hätte sich selbst Marco Polo niedergesetzt, einen der gefalteten Kraniche in den Blick gefasst und darüber sinniert, ob Schiffsreisen nicht viel zu beschwerlich sind.

Es mochte an der klebrigen Fahrstuhlmusik liegen. Sie tropfte zäh aus einem Lautsprecher von der Decke und legte sich wie eine Honigglasur über das Büro und seine Besucher. Eine Swing-Version von «Red Roses for a Blue Lady» spielte für die älteren Semester, die in den Schalensesseln wippten. Anscheinend gehörten sie genauso zum Inventar wie die Orchideen und das herbstgrüne Fragezeichen an der Wand hinter der Fremdenführerin. Sie war gerade damit beschäftigt, ein Lächeln zu ziehen. Als ihre Mundwinkel eine angemessene Position erreicht hatten, irgendwo im Bereich zwischen lapidar und vulgär, schlossen sich ihre Lider wie eine Blüte, um sich dann, in aller gebotenen Ruhe, wieder zu öffnen.

Die Selige, die an ihrem Tresen in Ehren ergraut war, wartete das Ende von Natsumis Frage ab. Dann hielt sie inne und wahrte ihr Lächeln, denn ein bedeutsamer Seufzer hätte sich wenig geziemt. Sie senkte den Blick, beugte sich gemächlich nach unten und verschwand für den Moment, den eine Illusion benötigt, um der Wirklichkeit zu weichen. Eine Schublade fuhr auf und wieder zu, die Selige kehrte in rückenschonender Haltung zurück in den Stand, breitete einen Prospekt vor uns aus und strich sorgsam die Falten darin glatt: Matsushima, die Bucht der Kieferninseln, eine der drei schönsten Landschaften Japans. Dazu alle Bahnverbindungen und Preise.

«Und die Burg?», erkundigte sich Natsumi in meinem Namen. Ich hatte von dem einäugigen Drachen gehört, der dort gehaust haben soll. Date Masamune, der schwertschwingende Gründer von Sendai, war in Kindestagen von den Pocken geplagt worden. Sie ließen ihn auf einem Auge erblinden, weshalb er seinen Gefolgsmann dazu zwang, es herauszupressen. Manche meinen sogar, er habe es sich selbst aus dem Schädel gerissen und anschließend verzehrt.

«Mhm ...» Die Selige, kaum in ihre Komfortposition zurückgekehrt, bückte sich erneut. «Die Burg», murmelte sie, und der Subtext lautete: Dafür würde ich meine Zeit nun wirklich nicht verschwenden. Das zugehörige Faltblatt bestätigte ihre Expertise. Wie so häufig hatten die Erdstöße der Jahrhunderte und die Brandbomben der Amerikaner ganze Arbeit geleistet.

Natsumi gab nicht nach. «Lohnt sich vielleicht die City?», versuchte sie die Dame zu motivieren, doch es hätte wohl mehr gebraucht, um ihr Chi aus den gewohnten Bahnen zu lenken. Wann hatte ich das letzte Mal einen Menschen erleben dürfen, der so sehr mit sich im Reinen war?

«Ja, ja», die Selige fischte einen Stadtplan aus der dritten Schublade, «Sie können sich die Innenstadt gerne anschauen.» – «Sendai ist aber auch nicht Manhattan», tuschelte eine zweite Stimme, tonlos, aber unmissverständlich zu vernehmen. Nun griff unsere Beraterin nach einem roten Filzstift, um einen Flanierweg auf die Karte zu kalligraphieren. Er schlängelte sich durch mehrere Einkaufspassagen und endete im einunddreißigsten Stock eines Towers, direkt neben dem Bahnhof. Die Selige zog die Linie beinahe blind. Absetzen musste sie nicht. Der Weg ist das Ziel, und sie hatte ihn Generationen von Besuchern gewiesen.

Auf jenem Parcours passierten wir bald ein Kaufhaus, aus dem römische Fanfarentöne drangen. Als wir die blitzende, nach Zitrus duftende Drehtür hinter uns gelassen hatten, zeigte sich, dass wir die allerersten Kunden des Tages waren, denn in diesen Minuten öffnete das Geschäft. Es kam uns beinahe so vor, als hätten wir die Belegschaft bei etwas ertappt, das wir eigentlich nicht sehen sollten. Während wir zu den Rolltreppen liefen, vorbei an Kleiderständern und Vitrinen, standen die Verkäuferinnen gesammelt Spalier – aufrecht wie Rekrutinnen. Sie hatten Haltung für die Firmenhymne angenommen, die durch das Gebäude schallte, und während wir die Andächtigen abschritten wie Staatsgäste, nickte mir eine nach der anderen gefällig zu. Es war ein professionelles, aber kein falsches Nicken. Zumindest beherrschten sie die Kunst, es so gütig aussehen zu lassen, als käme es von Herzen, und das imponierte mir.

«Hör auf damit!», flüsterte Natsumi. Sie fasste mein Kinn mit Daumen und Zeigefinger und drehte es zärtlich, aber bestimmt in ihre Richtung.

«Was mach ich denn?»

«Du starrst.»

Als die Musik verhallte, gingen die Damen zügig ans Werk. Sie sortierten Ledergürtel, sie rückten Halbschuhe zurecht, sie falteten Weitgeschnittenes in Form. Das Sortiment wirkte ein wenig aus der Zeit gefallen und erinnerte mich auf merkwürdige Weise an Sanitätshäuser. Vielleicht weil sich das Farbspektrum zwischen Weiß, Grau und einem schlichten Beige bewegte, genauso unscheinbar wie die Häuserwände in einem Land, dessen Bewohner besser nicht auffallen mochten.

Wir befanden uns in einem «Tsunami Emergency Building». Im Falle eines Katastrophenalarms waren die Bürger von Sendai dazu angehalten, unversehens in das Kaufhaus zu eilen und sich dort auf eines der höher gelegenen Stockwerke zu flüchten: in die Herrenabteilung auf der dritten Etage, in die Spielautomatenzone auf der vierten oder gleich auf die fünfte und höchste Ebene. Hier fanden sich Pralinen, Suntory Whisky und Teigtaschen, die mit süßer Bohnenpaste gefüllt waren, manches bereits in attraktiven, fix und fertig verschweißten Lackkästchen. Der Kunde wählte ein Präsent von Wert oder wenigstens eines, das wertvoll aussah. Eine Angestellte verpackte es so edel, wie es eben ging, danach wurde es direkt an einen Geschäftspartner oder die Lieben zu Hause gesendet. Die bedankten sich brav, bevor sie es heimlich weiterverschenkten.

Wer auf das Dach der Stadt der Bäume klettert, blickt zwar über Stein, aber auch über so manche Allee und stellt fest, dass Sendai von bergigen Wäldern umschlossen ist. Dort soll es noch Bären geben und Moore, heilige Gipfel, brodelnde Quellen und Kraterseen. Matsushima, die Schöne, liegt nicht weiter entfernt als einen Ausflug mit dem Provinzzug, vor dessen Fenstern bald Laubkronen und Häuschen wechselten. Die Äste der Bäume reichten so nah an den Zug heran, dass ein Junge sein Patschhändchen an die Scheibe legte und versuchte, sie zu berühren.

Natsumi dachte dabei an die japanischen Sommer ihrer Kindheit und erzählte davon, wie kühl es seinerzeit gewesen sei. So markdurchdringend kalt. Damit sie nicht allzu sehr fror, habe sie sich ein Jäckchen über die Schultern gestreift, früher, wenn sie in der Saison der Klimaanlagen ihre Lieblingstante besuchte und Metro fuhr oder Kaufhäuser betrat. Mit den Brennstäben von Fukushima schien auch das Eis im öffentlichen Raum geschmolzen zu sein. Noch immer ruhten die meisten Kernreaktoren wie schlafende Drachen, und so war die Regierung emsig darauf bedacht, Strom zu sparen. Man möge mit der Aircondition weise umgehen, legte sie ihren Bürgern nahe, besonders jetzt, in der Schwüle, die über Japan kam. Dieser plötzlich erwachte Sinn für die Umwelt ließ sich geradewegs auf der

Haut spüren, in den Ladenzeilen, in den Izakayas und auch in diesem Zug.

Mir fiel es schwer, mich auf das, was vorbeizog, zu konzentrieren. Zu fasziniert war ich von der Taumelnden vis-à-vis. Die junge Frau im Kleidchen schien genau in der Mitte zwischen dieser und einer besseren Welt zu schweben. Schlief sie? Wachte sie? Während sich ihre Arme fest über der Henkeltasche verschränkten, die sie wie ein Kleinod auf dem Schoß hielt, neigte sie Hals und Kinn nach vorn, und ihre langen, amberfarbenen Haare verdeckten das Gesicht. In dieser Position kippte sie mit dem Rhythmus, den die Bahn vorgab, hin und her, doch warum kippte sie nicht um? Man meinte schon, sie würde in den Schoß der Älteren neben ihr sacken, aber wie eine Stehauffigur hielt sie ihre Balance. Auch der Herr im Jackett links von mir kniff die Augen zusammen und neigte sich bedenklich meiner Schulter entgegen. Als ich ein Stück wegrückte, kam er für einen Moment zu sich, um mich verdutzt anzusehen und kurz darauf wieder zu entschlummern.

Drei Menschen schlafen. Die Träume ziehen dahin. Der Zug rollt weiter. Es lebte einmal ein japanischer Dichter, dem wurde eine Bananenstaude geschenkt. Seine Schüler pflanzten sie in den Hof seiner Behausung, und weil ihm der Baum so sehr gefiel, beschloss er, sich nach ihm zu benennen. Matsuo Bashō prägte die meditative Kunst des Haiku: fünf Silben, sieben Silben, fünf Silben, die kürzeste Gedichtform, die es gibt. Der Erzählung nach litt Bashō-san, wie jeder vernünftige Abenteurer, unter einer gewissen Unrast. Er suchte Linderung in der Zen-Meditation und begab sich eines Tages auf Wanderschaft. Während seiner längsten Pilgerreise «auf schmalen Pfaden durchs Hinterland» besuchte er die Meeresbucht von Matsushima. Als er sie im Mondlicht erblickte, so ist es überliefert, verließen ihn die Worte. Andere Quellen besagen, Bashō-san habe versucht, das Unbeschreibliche zu beschreiben, und in diese Verse gefasst: *Matsushima, ah! Ah, Matsushima, ah-ah! Matsushima, ah!*

Die Bahn erreichte ihr Ziel, und die Taumelnden kamen zu sich, wie von unsichtbaren Kräften geweckt. Sie richteten Frisur, Kleid und Kragen, schlurften ihrer Wege, und die erste der drei schönsten Landschaften Japans war nur noch Schritte entfernt. Oh, Matsushima, dachte ich, als wir aus der Station traten. Sie lag der Märchenbucht direkt gegenüber, dazwischen jedoch quälte sich der Verkehr über die breite, tropfnasse Uferstraße und verlieh der Szenerie die Romantik eines Autobahngrills. Schwerlaster frästen vorbei auf ihrer Fahrt in die Metropolen des Südens, und es dröhnte und hupte im Takt der Reisebusse, die sich voll besetzt die Küste entlangschleppten. Einer nach dem anderen bog auf das Areal vor dem Fischmarkt ein. Es wurde Mittag, und wie sich herausstellte, war das flache Seewasser nicht nur für seine kiefernbewachsenen Inseln, sondern auch für seine Austern bekannt. Die Hungrigen hatten sie kaum ausgeschlürft, als sie schon eilig nach Mitbringseln suchten. Oh Bashō, lieber Bashō-san, dachte ich, seit deinen Lebtagen hat sich so einiges verändert. *Zuckende Tiere. Drei Muscheln à vier Dollar. Papierservietten.*

Derweil lagen zweihundertsechzig Felsen schiefergrün im Meer, als wollten sie sich tarnen, und wer mochte es ihnen verdenken. Warum sollten sie sich zeigen, wenn das Licht nicht stimmte? Warum Modell stehen in diesen regnerischen Stunden? Wenn sie auch keine klassischen

Schönheiten waren, so hatten sie doch ihren Stolz. Ein Inselchen trug nichts weiter als einen Baum, krumm und verwachsen. Ein zweites hatte der Pazifik an mehreren Stellen unterspült. Es ähnelte, mit etwas Phantasie, einem Aquädukt. Ein drittes war über zwei rote Brücken mit der Promenade verbunden und schien den Ozean im Blick zu behalten wie ein Wächter. Darauf stand ein bejahrter Tempel aus Holz, nicht größer als eine Hütte. Er wirkte so blass und bescheiden, dass die Kiefern, die ihn umwuchsen, beinahe leuchteten, selbst im Niesel. Fragte sich nur, warum das Tempelchen noch immer dort stand, wo es stand.

Die Tsunamiwelle hatte viele hundert Küstenkilometer verwüstet. Zehn, fünfzehn Meter hoch, riss sie Züge und Waggons ins Meer. Sechzehntausend Menschen waren tot aufgefunden worden, zweitausend wurden noch immer vermisst. Hier aber, in der Bucht, hatte die Flut kaum etwas anzurichten vermocht, traf sie doch auf schroffe, herbe, wehrhafte Klippen, so stoisch wie Japan selbst. «Die Inseln haben ein Ungeheuer gezähmt!», erzählte man sich landauf, landab, und in den Gotteshäusern entlang des Ufers beschwor man bereits das Wunder von Matsushima.

In einem dieser Tempel brannten Kerzen, und wieder, sei es durch Zufall oder aus einem anderen Grund, wohnten wir einem Ritual bei, das nicht für unsere Augen bestimmt war. Vor einem Mann, einer Frau und einem Kind kniete ein buddhistischer Mönch. Keiner der Anwesenden verlor ein Wort, als der Geistliche seine Sutren rezitierte. Niemand klagte, niemand jammerte, während er die Urne betrachtete, die zwischen ihnen stand, und wenn doch jemand weinte, dann tat er es lautlos und ohne eine Träne. Vor Tagen hatten die Angehörigen dabei zugesehen, wie man dem Verstorbenen ein weißes Gewand anlegte, wie man ihn darunter entkleidete, wie man ihn wusch und wie man ihn aufbahrte, von Blumen umgeben, den Kopf nach Norden gerichtet, wie es alter Brauch sei, erklärte Natsumi. Sie hatten ihm Münzen für die Fahrt über den Fluss der Unterwelt geschenkt und eine Nacht bei ihm gewacht. Die Nachbarn waren gekommen, um am Altar der Familie Opfergaben niederzulegen, und nachdem der Tote in den Sarg gebettet worden war, hatten sie mit einem Stein auf den Deckel geklopft, um symbolisch die Nägel einzuschlagen. Auf die Einäscherung war das *kotsuage* gefolgt, das Knochenheben: Frau, Mann und Kind hatten Bambusstäbe wie überlange Essstäbchen in Händen gehalten, jeder ein Paar, und Knochenstück um Knochenstück aus der Asche gefischt, um sie für einen Augenblick gemeinsam zu halten und schließlich in ebenjene Urne zu legen.

Nun, im Schein der Tempellichter, gedachten sie des Verstorbenen, vermutete Natsumi, wie es Woche für Woche geschehe bis zum neunundvierzigsten Tag nach dessen Tod, und noch immer zeigte niemand eine stärkere Regung. Mag sein, dass die Wunden hier schneller verwachsen als anderswo, vielleicht aber verbirgt man sie bloß geschickter.

Mit dem Nachmittag begann die Flucht. Das Geplärr der Touristenführer, das Klicken der Kameras und das «Sugoi!» aus tausend Kehlen trieben uns den Küstenstrich entlang. Auf einem Steg schien es kein Entkommen mehr zu geben. Zwei Ausflugsdampfer hatten angelegt, einer rechts, einer links. Auf der einen Seite reihten sich die Reisegruppen, um die Bucht zu erkunden. Auf der anderen warteten wir, und nicht einmal Natsumi konnte sich erklären, weshalb wir dort bis zuletzt allein blieben. Während sich auf den Decks gegenüber bald die Massen drängten, zog es niemanden auf das zweite Boot, nicht einen einzigen Gast. So begrüßte uns der Kapitän persönlich und ließ fragen, welches Tonband er während der Fahrt abspielen dürfe: Englisch? Japanisch? Wir wählten beides, und obwohl die einheimischen Erklärungen endlos lang schienen und die britischen Übersetzungen dagegen erstaunlich knapp, lag in dieser Seereise ein wundervoller Moment des Zen. *Inseln und Felsen. Regen fällt auf sie herab. Das Schiff fährt und fährt.*

Die Poesie des ganzen Landes, sagt man, vereine sich in den Nihon sankei, und wer sie betrachte, der könne in die japanische Seele blicken. Der Dichter Bashō hätte auf der Passage die Lider geschlossen und das Wolkengrau beiseitegeschoben. Der Mond wäre aufgegangen, bis er die Bucht in Silber getaucht hätte, und hundert Klippen hätten wie hundert Juwelen gefunkelt. Für manche ist ein Steingarten nur ein Stein umgeben von Steinen. Andere sehen darin eine Insel im wilden, weiten Meer.

DAS DRITTSCHÖNSTE LICHTERMEER DER WELT

HAKODATE

Wer Hokkaidō erkunden möchte, der muss durch ein schwarzes Loch, und kommt er wieder heraus, dann bewegt er sich in einer anderen Sphäre. Ich weiß noch, wie mit einem Mal die Dunkelheit hereinbrach. Eine absolute Nacht, begleitet von Lichtreflexen, die links und rechts über die Scheiben schwirrten wie Funkenflug.

Zwischen Honshū, der größten, und Hokkaidō, der nördlichsten Hauptinsel, liegt die Meeresstraße von Tsugaru, und darunter erstreckt sich einer der längsten Tunnel der Erde. Der Zug taucht hinein, scheint Japan zu verlassen und bricht nach fünfzig finsteren Kilometern in Gefilde auf, die an den Schwarzwald, Skandinavien oder die irischen Feenlandschaften erinnern. «Wölkchenbäume», sagte Natsumi, halb zu sich selbst, und ließ ihren Blick über die sommergrünen Hänge schweifen, «so schön fluffig», und weiter, immer weiter ging die Reise in eine fremde Welt.

Wir fühlten uns wie Pioniere. Die Insel war erst vor kurzem mit dem Netz der Schnellzüge verbunden worden, und nun hatten wir die Ehre, in einem der ersten Shinkansen zu fahren, die sie erreichten. «Ja, Hokkaidō ist immer noch so etwas wie eine Kolonie», lächelte Natsumi, und tatsächlich hatten die Japaner erst im neunzehnten Jahrhundert begonnen, das Land der Ainu, der Ureinwohner des Nordens, weiträumiger zu besiedeln. Dabei ließen sie es glücklicherweise ruhig angehen. Bis heute ist Hokkaidō ein milder Ort der Wiesen, Reisterrassen und Bergwälder, und wenn die Luft zwischen den Türmen ihrer Millionenstadt zu flimmern beginnt, sehnen sich die Tokyoter hierher.

Unsere Jungfernfahrt endete am frisch eingeweihten Fernbahnhof der Stadt Hakodate, was im doppelten Sinne wörtlich zu verstehen war: Die drittgrößte Stadt der Insel befand sich achtzehn Kilometer vom Bahnhof entfernt. So glitt der Shinkansen in den Schatten eines einsamen, lichtdurchfluteten Glasbaus, der in dem Nichts, das sich zu allen Seiten bis zu den Bergen am Horizont erstreckte, ein wenig verloren schien, wie ein erster Außenposten der Zivilisation. Es wäre eine Lüge, zu behaupten, die Bahnangestellten hätten uns Blumenkränze um den Hals gelegt, doch sie hießen die Passagiere wie hohe Gesandte willkommen. Mit Handzeichen, Schildern und ergebenster Mimik wiesen sie den Weg durch das Terminal, das mit Girlanden dekoriert war, hinein in die klinisch reine Station, eine blitzblanke Rolltreppe hinauf und einen Gang entlang, der noch so unberührt wirkte, dass man ihn kaum mit Füßen beschmutzen mochte. Dann aber führten die Gesten genauso ergeben wieder ins Freie, hinaus auf eine schmale, weit weniger luxuriöse Plattform, auf der ein Eichhörnchen mümmelte, bis der Pulk es vertrieb. Eines schönen Tages solle der Shinkansen von hier aus weitersausen, versprach

Japan Railways, über mehrere Stationen bis in den hohen Norden nach Sapporo. Doch einstweilen blieb nur der gute alte Bummelzug, der ohne Eile heranschnaufte.

Mit Tempo und Komfort ließen einige auch die Contenance hinter sich. Sie rangelten um Plätze, stießen, schubsten und lamentierten dabei, wie ich es in Japan bisher nicht erlebt hatte. Waren es die Strapazen? War es der Überdruss? Der Blues des Reisenden? Hin und wieder hatte ich in der Tokyoter Metro einen Ellenbogen abbekommen, mal stieß mir ein Aktenkoffer in die Kniekehlen, mal bekam ich den Absatz eines Schuhs zu spüren. Es war ein eher defensives, verschämtes Drängeln mit dem Rücken, eine lästige, aber notwendige Prozedur, und die Drängelnden hatten es stets vermieden, mich dabei anzusehen. Wer sein Gesicht nicht zeigt, der kann es auch nicht verlieren. Aber diese Passagiere kämpften mit offenem Visier.

«Chinesen», sagte Natsumi. Sie brachte das Wort nur mühselig über die Lippen. «Wie die schon rumlaufen.»

Tatsächlich kleideten sich die Leute, verglichen mit den Einheimischen, in recht extravaganten Farben, und was hatten wohl die Sprüche auf ihren T-Shirts zu bedeuten? «Crap your Hands!» stand auf einem und «Viva Vagina» auf einem zweiten, als ahnten die Fahrgäste nicht, welche Botschaften sie da spazieren führten. Die Ästhetik fremder Schriftzeichen schien ihnen zu gefallen, so wie Europäern, die sich etwas Exotisches aus dem Fernen Osten stechen lassen. Natsumis Mutter hatte einmal von einer jungen Verkäuferin erzählt, die ihr stolz eine Tätowierung auf dem Unterarm präsentierte. «Das ist mein Sternzeichen», freute sie sich, «ich bin Stier.» – «Tut mir leid», musste sie Katsumi-san enttäuschen, «aber ich fürchte, da steht Kuh.»

Wir hatten es mit den frisch gekrönten Reiseweltmeistern zu tun, niemand ließ mehr Geld in der Fremde als die Genossen aus China. Seit einigen Jahren begegnete man ihnen auf den Archipelen der Südsee und in den Tempeln von Angkor Wat, auf den zuckerweißen Pisten von St. Moritz, in der Hofburg zu Wien und im Schloss von Heidelberg. Das Volk der Milliarden hatte einen zweiten langen Marsch angetreten, und diesmal führte er in Shorts und Turnschuhen nach Afrika, Ozeanien und sogar in die verhasste Schwesterrepublik Taiwan. Mancher fürchtete sich vor den Touristenmassen, bei all dem Wandel, den sie mit sich brachten, Hotelsilos, chinesische Restaurants, die Souvenir-Mafia und steigende Preise. Doch es war vor allem ihr Temperament, mit dem die Reisenden aneckten. Gelegentlich wirkten sie wie Kinder, die neugierig ihre Welt entdeckten, und dabei ging schon mal etwas zu Bruch.

«Und die Kerle?» Ich deutete auf drei, die sich breitbeinig in eine Ecke des Abteils gefläzt hatten, ein Dünner, der klug wirkte, ein Dicker, der weniger klug wirkte, und einer, der einen besseren Anzug trug als die anderen beiden. Die drei unterhielten den halben Waggon und fielen eher durch ihre Lebensfreude als durch geschliffene Manieren auf. «Das sind doch eindeutig Japaner», sagte ich, «eindeutig betrunken.» Natsumi, die Patriotin, gab mir mit einem eindeutigen Tritt auf die Fußspitze recht. Gerne hätte ich ihr aufgezählt, welche Errungenschaften ihr Mutterland von China übernommen hatte, den Zen-Buddhismus, die konfuzianischen Lehren, die Gartenkunst. Ich beließ es dabei, denn Japan und das Reich der Mitte trennt mehr als nur die See. Es mag wenige Nationen geben, die sich gegenseitig so beeinflusst haben und gleichzeitig so verachten. Doch Chinesen zahlen Cash, und deshalb wurden sie in diesen Tagen heiß umworben. Die Regierung hatte die Visa-Regeln gelockert, die Läden stellten Mandarin sprechende Verkäufer ein, der schwache Yen leistete seinen Beitrag, und all das schien so gespenstisch gut zu funktionieren, dass ein neues Wort in die japanische Sprache Einzug gehalten hatte: *bakugai*. Es bedeutet so viel wie «Kaufexplosion» und beschreibt den Ansturm auf japanische Markenartikel: Arznei, Kosmetik, Alkohol, Tabak, Reiskocher und Washlets, die sagenhaften automatischen Toilettensitze.

Einer der Orte, die sich besonders eifrig um die solvente Klientel bemühten, ist Hakodate. Seit einer Weile nannte man sich «Touristenstadt», ganz unverschleiert, und lockte mit einem Versprechen: Wer den Hakodate-yama bezwinge, der die Siedlung überragt, könne vom Gipfel auf ein magisches Lichtermeer hinunterblicken. Die lokalen Gazetten gaben sich so enthusiastisch wie japanisch bescheiden. Sie schwärmten vom «drittschönsten Lichtermeer» der Welt. Nur die Sicht auf Hongkong und Neapel würde diesen Anblick noch übertreffen.

Während die Chinesen in Reisebusse umstiegen und die Betrunkenen ein Taxi heranwinkten, um darin ihren Redekreis fortzusetzen, bewunderten wir das Angebot der Geschäfte in der Bahnhofshalle. Es teilte sich in zwei Sortimente, die kaum weiter auseinanderliegen konnten: Tintenfisch-Mützen, Tintenfisch-Schokolade und Tintenfisch-Katzenspielzeug in einem Regal. Shinkansen-Kekse, Shinkansen-Radiergummis, Shinkansen-Pralinen im anderen. Der Schnellzug hatte offenbar gewisse Hoffnungen in der Hafenstadt geweckt, die ansonsten für ihre Meeresfrüchte bekannt war. In Hakodate sollte auch eine besondere japanische Delikatesse erhältlich sein: Tanzender Tintenfisch in der Reisschüssel. Bedauerlicherweise musste ich Natsumi unter Androhung empfindlicher Sanktionen versprechen, in diesem Buch nicht näher darauf einzugehen. Eine plastische Darstellung des Lebendgerichts verletze die Gefühle von Tierfreunden und vermittle ein ganz und gar schiefes Bild dieses Landes. «Es ist ja nicht so, als würden Japaner Hunde essen.»

«Ist das Vintage?», fragte ich mich bald darauf, als ein rührseliges Vehikel vor der Station heranschlitterte. «Ich fürchte, das ist einfach nur eine alte Bahn», sagte Natsumi, die gewöhnlich mit allem hadert, was angestaubt und noch nicht entsorgt worden ist. Sie hält wenig von zugigen Barockwohnungen und ist auch nicht für Oldtimer zu haben, weil sie nach Benzin und speckigem Leder riechen. Alles muss möglichst neuwertig, frisch und abwaschbar sein, es lebe der Fortschritt, und dennoch siegt ihr Herz hin und wieder über den Kopf. Hakodate schmückt sich mit einer historischen Straßenbahn im Stile der Cable Cars, und vielleicht entwickelte Natsumi eine Schwäche für das Gefährt, weil darin so liebevoll mit Zahlen gearbeitet wurde. Man steigt durch die Hintertür ein, betritt den knarzenden Fußboden aus Holzpaneelen und zieht dabei ein Kärtchen aus Papier. Es ist mit einer Nummer versehen, die nun auf der Tafel über dem Führerhäuschen aufleuchtet, und während die Bahn ihrer Wege bimmelt, lässt sich verfolgen, wie der Fahrpreis allmählich ansteigt. Für Natsumi, die ihr Ticket wie ein kleines, stolzes Mädchen in Händen hielt, begann die Reise mit zweihundertzehn Yen für eine Kurzstrecke, ab dem zweiten Kilometer kostete die Tour zweihundertdreißig Yen. Wer gar vier Kilometer zurücklegen wollte, musste zehn weitere Yen parat haben, um sie später abgezählt in einen metallischen Klimpertrichter zu werfen. Ich bezweifelte jedoch, dass man in dieser Stadt solche Distanzen zurücklegen konnte. Sie hatte wenig von einer japanischen Megacity. Mit ihren Häuschen, die sich im eishellen Mittagslicht duckten, ähnelte sie einem Wintersportort in der Nebensaison, und die Wägelchen wirkten in den ungewöhnlich breiten Boulevards noch winziger.

Auf den ersten Blick hätte man Hakodate für eine amerikanische Kleinstadt halten können, so wie ihre Straßen in schnurgerader Linie dem Muster eines Schachbretts folgten. Und auf den zweiten? An einer der Alleen, die steil den Berg hinaufführten, zeigten sich die Dächer einer katholischen Kirche, flankiert von den Zwiebeltürmen eines russisch-orthodoxen Gotteshauses. Ganz in der Nähe lag eine Versammlungshalle, die mit ihrem frisch getünchten blauen und ockergelben Holz an zaristische Zeiten erinnerte. Englische Gärten umgaben Landhäuser, weiß wie Kolonialbauten in indischen Höhen, und europäische Geschäftsvillen im Stile des Art déco wechselten mit geziegelten Lagerhäusern im Hafen, wie ich sie aus den Docks von San Francisco kannte. Das Zentrum von Hakodate war eine Hommage an die Baustile der Welt, eine Kompilation, ein internationales Best-of der Architekturen vergangener Epochen. In den alten Ziegelhallen an der Kaimauer fanden sich inzwischen Restaurants und Andenkenläden, und kaum waren wir ausgestiegen, suchte Natsumi darin nach einer weiteren lokalen Leckerei, einem daumengroßen Käsekuchen namens «Double Fromage». Sie sollte dabei auch auf tibetanische Gebetsfahnen, kenianische

Fruchtbarkeitschnitzereien und Totenschmuck stoßen, wie man ihn am Día de los Muertos über die Plazas von Mexico City trägt. Ich setzte mich auf eine Bank in der Sonnenwärme, nippte an einem Americano, und während eine Dixielandmelodie von New Orleans erzählte, sah ich den Möwen zu, wie sie nichts weiter taten, als Möwen zu sein.

Der Geruch von Kaffee, die Stimmen der Händler, all die Besucher aus fremden Ländern – vor anderthalb Jahrhunderten durfte dieser Ort ein ähnliches Flair besessen haben. Die vermeintlich dunkelste Stunde Japans war für Hakodate zum Glücksfall geworden. Zweihundert lange Jahre hatte sich das Land von aller Welt abgeschottet, doch nun wurde es von den schwarzen Schiffen heimgesucht, einer Flotte kohlebefeuerter Ungetüme, die Rauch und Flammen spuckten. Matthew Calbraith Perry, ein amerikanischer Seeoffizier mit wilden, düsteren Locken, drängte die japanische Regierung, den Handel aufzunehmen, Häfen zu öffnen und Schiffsbrüchigen zu helfen, denen bisher, wenn sie in Japan strandeten, ohne Prozess der Kopf abgeschlagen worden war.

Hakodate sollte eine der ersten Buchten sein, in denen fremde Handelsschiffe landen durften. So erfuhr der alte Walfängerhafen einen unverhofften, jahrelangen Aufschwung, doch mit der Zeit muss er einen üblen Leumund entwickelt haben. Die Moral der Ausländer lasse arg zu wünschen übrig, klagten Missionare. Mit jedem Schoner, der anlege, sprieße auch eine Bierbar aus dem Boden, und die Docks seien kein Ort für ein anständiges japanisches Mädchen. Eines Tages fand man die Leiche des deutschen Konsuls, in Stücke gehauen, wie es heißt. Der Mörder, ein

Samurai, sagte aus, die Götter hätten ihm befohlen, Gaijin zu töten.

Heute ruhen die Fremdlinge auf dem Ausländerfriedhof. Die prächtigsten ihrer Anwesen wurden restauriert, und wer möchte, kann sich dort in viktorianischen Kleidern ablichten lassen oder im Herrenrock posieren. Natsumi schätzte, dass Japaner diese Orte besuchten, um sich einmal wie in Europa zu fühlen, so romantisch und verträumt, wie sie es sich vielleicht vorstellten. Und unsere chinesischen Freunde? Einige von ihnen lauschten dem blechernen Humtata in der «Hakodate Beer Hall» und kosteten eine eigenwillige Spezialität. Die Empfehlung des Hauses lautete «German Potatoes», obwohl sie wenig mit meiner Heimat und nichts mit Kartoffeln zu tun hatte. Wenn ich mich recht erinnere, waren es Würstchen, die unter zerlassenem Käse begraben lagen.

Wir wählten das «Lucky Pierrot», das direkt gegenüberlag, denn unter Reisenden gilt es als das beste Lokal der Stadt. Jede Filiale der lokalen Burgerbraterkette widmet sich einem bestimmten Teil westlicher Folklore, etwa dem Weihnachtsfest oder dem Katholizismus. So ist eine von ihnen mit Engeln und Heiligenbildern bemalt wie eine Kathedrale. Eine zweite lockt mit dem Sprüchlein: «Santa Claus has come to Hakodate», und Rauschebärte, beflockt mit Glitzerschnee, grüßen aus allen Winkeln. Das Hauptrestaurant im Hafen ist einem American Diner nachempfunden, und von seiner Außenfassade grüßt das Symbol der Kette, ein Clown.

Während wir uns eine Portion Cheese Fries teilten, die in einer Tasse gereicht wurde, sah ich über Natsumis rechte Schulter hinweg und beobachtete eine Japanerin im Businesskostüm. Sie balancierte zwei reichlich gefüllte Tabletts und begann damit, einen Tisch für mehrere Personen mit Plastikbesteck und Servietten einzudecken. Die junge Frau war noch dabei, das Fastfood so ansprechend zu arrangieren, wie es eben ging, als eine Delegation von Geschäftsleuten hinzutrat. Es waren die Betrunkenen aus der Bahn: der Dünne, der klug wirkte, der Dicke, der weniger klug wirkte, und der mit dem besseren Anzug. Die ranghöchste Position hatte jedoch ein Herr mit grau melierten Schläfen inne. Er blieb am Kopfende des Tisches stehen, während sich die anderen zu beiden Seiten vor ihm aufreihten.

Die Kerle, die sich in der Bahn noch so rüpelhaft benommen hatten, beugten nun den Oberkörper vor, langsam, ohne das Gesäß auszustrecken, und stützten sich mit den Händen knapp oberhalb der Knie ab. So verharrten sie ein, zwei Sekunden, fügsam geknickt im Winkel von fünfundvierzig Grad, um sich dann wieder zu erheben und dem Ranghöchsten beidhändig ihre Visitenkarten zu überreichen. Sie übten sich in der Kunst des Redens ohne Worte. Je höher der Rang des anderen, desto tiefer die Verbeugung, je länger die eigene Vita, desto leiser trage sie vor, und sollte dich einer deiner Partner öffentlich belehren oder dir vor allen anderen in den Rücken fallen, so nimm es nonchalant zur Kenntnis und warte das Ende des Meetings ab, bis du ihn filetierst. Wer weiß, der spricht nicht, und wer spricht, der weiß nichts.

Der Graumelierte wendete die Kärtchen einmal hin und wieder her und tat zumindest so, als würde er sie aufmerksam studieren, bevor er sie an seine Assistentin übergab. Nicht beiläufig, sondern mit gebotenem Respekt, denn auf diesem Kontinent ist eine Visitenkarte mehr als nur ein Stück Papier, und wer keine besitzt, der existiert nicht. Als sich der Männerverein endlich niedergelassen hatte, blieb die Assistentin als Einzige stehen, um die Szene mit einem «Chiiizu!», bitte lächeln, festzuhalten. Es war ein eigenwilliger Ort für ein Geschäftsessen, und an diesem Tag schien das «Lucky Pierrot» niemanden so recht zu überzeugen. Weder die Japaner noch die Chinesen, die den «Chinese Burger», der eigens für sie kreiert worden war, träge zerkleinerten, lustlos einspeichelten und schweigend verschlangen. Es ist alles in allem ein Fehler, in Japan westliches Essen zu bestellen, schrieb schon Truman Capote. Vor Jahren hatte «Lucky Pierrot» den Groll der ganzen Welt auf sich gezogen, als es den «Whale Miso Burger» auf die Karte setzte, einen Snack aus dem Fleisch von Zwergwalen.

Es mag genauso ein Fehler sein, ein Mittelklassehotel zu buchen, das sich Attribute wie «royal» oder «international» gibt. Die Zimmermädchen des «Grand Hakodate» hatten den Kampf Chlor gegen Schimmelpunkte aufgegeben. Das Duftspray, mit dem Natsumi durch unsere Kammer eilte, die mehr oder weniger aus einem Bett bestand, schaffte Abhilfe für exakt sieben Sekunden. Der Balkon war ringsum zugemauert, wohl damit wir uns nicht herunterstürzen konnten. Immerhin erlaubte ein viereckiges Loch den Blick über alle Dächer bis auf die See, die sich wie ein Tuch zwischen Hokkaidō und Honshū ausbreitete, hin und wieder in Falten gelegt vom Meereswind.

Ich sah über ein Viertel abseits des Prunks, eine Gegend, die weit weniger Glamour verhieß als der mondäne Kern der Stadt. Dabei blieb es einige Zeit so still, dass nur der Wind in den Wellen zu vernehmen war. Dann beschallte plötzlich ein Lautsprecherwagen die Straßen, er zog gewissenhaft von Block zu Block. Zwei Frauen streckten zum Gruß ihren Arm aus dem Fenster, eine links, eine rechts. Sie dankten für die Stimmen, die man ihrer Partei bei den Parlamentswahlen schenken würde. Doch wem dankten sie? Mit ihren weißen Handschuhen winkten sie leeren Gehsteigen, geschlossenen Geschäften und heruntergelassenen Fensterläden zu. «The very very Beast», das Bierlokal gegenüber, schien nur noch gelegentlich zu öffnen. Andere Gebäude waren mit Brettern verrammelt und verfielen, so wie das «New Hakodate Hotel». Seine Fahnen hingen zerfetzt an angelaufenen Messingstäben von der Fassade, die moosige Trauerränder trug. Straßenlaternen verwitterten, Hecken verwucherten, ein wild gewachsener Baum, der sich aus dem Gehsteig emporstreckte, verdeckte die leeren Fenster einer Häuserleiche.

Es war die bittere Wahrheit der Touristenstadt, fernab der teuer am Leben erhaltenen Kulissen. Die Häfen von Yokohama, Nagasaki, Kōbe und Osaka hatten ihr lange den Rang abgelaufen, und es war, als könne man dabei zusehen, wie sich Hakodate an den Rändern auflöste. Wie sich Schrauben aus dem Holz drehten und ins hohe Gras fielen, wie die Zäune rosteten, wie sich die Platten über rebellischen Wurzeln hoben. Noch zwanzig Jahre, hieß es, dann werde jeder Zweite, den es hier noch hielt, fort sein. Die Siedlung schrumpfte, genauso wie die Dörfer ringsum und letztendlich auch das Land. Japan hat eine der niedrigsten Geburtenraten der Welt, jeder vierte Einwohner ist bereits im Rentenalter, und wer beruflich etwas erreichen will, den zieht es in die Metropolen.

Hakodate hatte die Ausländer einst vertrieben, nun lag seine einzige Hoffnung darin, sie zurückzuholen, und sei es für einen Tag. So hatte man jedem Nagel, der geschichtlichen Wert verhieß, eine Gedenktafel gewidmet, sogar ein Hafenpoller an der Uferlinie wurde für seine außergewöhnlichen Verdienste gerühmt. Ich studierte einen Stadtplan voller Werbeanzeigen und ließ nicht locker, bis mir Natsumi zu einer weiteren wunderlichen Sehenswürdigkeit folgte. Es handelte sich um den angeblich «ersten Strommast aus Beton», der in Japan errichtet worden war. Er ist zehn Meter hoch, steht an einer Straßenkreuzung, und er ist, nun ja, ein Strommast.

Als die Sonne nach ihrer Wanderung über die Dächer der Touristenstadt peu à peu den Horizont erreichte, überlegte ich, ob ich die Zimmerlampe hätte anlassen sollen, um es ihm ein wenig leichter zu machen, diesem drittschönsten Lichtermeer der Welt. In der Dämmerstunde begann ein denkwürdiger Wettlauf, der Tag für Tag in eine neue Runde ging. Chinesen versammelten sich unter den Fähnchen der Fremdenführer. Seniorengruppen stiegen in ihre Reisebusse. Schulklassen wanderten den Hang hinauf, artig in Zweierreihen. Bald senkten sich Gondeln, groß wie Lastwagen, in eine Seilbahnstation, um all die Besucher dieses Orts auf den Hakodate-yama zu bringen, und kaum schlossen die Türen, drängten sich Alte und Junge an den Scheiben, während die Kinder zwischen ihren Beinen hindurchschlüpften, um die Aussicht ebenso genießen zu können. Während wir den Berg hinaufreisten, sah ich über die Köpfe hinweg auf die Stadt, die tatsächlich, je weiter wir uns von ihr entfernten, an Zauber gewann. Sie liegt auf einer Sandbank zwischen Hokkaidō und einem erloschenen Vulkan, und über dem Ozean, der Hakodate von zwei Seiten umspült, leuchteten pinke Abendwolken.

Die Gondel erreichte die Gipfelstation, und der Lauf setzte sich fort: Run auf Shinkansen-Chichi, *bakugai*, Run auf Tintenfisch-Tand, Kaufexplosion. Ein Schuljunge zeigte sich so überwältigt von all den wundersamen Devotionalien, dass er acht, neun Packungen Schnellzug-Kekse in sein Körbchen purzeln ließ, bis ihn ein Lehrer tonlos beiseitenahm. Während die Gondeln Fuhre um Fuhre auf den Hakodate-yama hievten, ächzten die Aussichtsplattformen vor Leuten, und es dauerte nicht lange, da ächzten die Leute mit ihnen. Sie schubsten und rangelten, wie sie es schon am Morgen in der Bahn getan hatten, die einen mit offenem Visier, die anderen dezent mit dem Rücken. Selfie-Sticks stießen zu, Schultern machten sich breit, Füße traten auf andere, manche von ihnen in Stilettos, weil zwei entzückende Chinesinnen glaubten, Pfennigabsätze und ein kurzer Rock seien die passende Kombi für eine Gebirgspartie. Sie wärmten ihre Beine wenig später mit Shinkansen-Badetüchern und wühlten sich durch den babelesken Menschensumpf zurück in die erste Reihe, bis kaum noch an einen Schritt vorwärts zu denken war. Wer bei alledem keinen prominenten Platz ergattern konnte, hielt seinen Fotoapparat in den Abendhimmel, und so blickten eintausend Augenpaare und ungezählte Kameralinsen auf das Versprechen, mit dem Hakodate sie geködert hatte.

Je dunkler es wurde, desto stiller wurde es auch. Das Zetern verstummte, das Drängeln ließ allmählich nach, und an ihre Stelle trat etwas, das sich beinahe zärtlich anfühlte. Was ist sinnlicher als die Melancholie. Wir mögen nicht auf Hongkong oder Neapel geblickt haben. Wir sahen weder über die Hollywood Hills noch in den Kessel von La Paz. Doch auf eine leise, sentimentale Weise wirkte das drittschönste Lichtermeer dennoch erstklassig. Im Westen die See, im Osten die See, und dazwischen, auf der Landzunge, die glitzernden Relikte einer untergegangenen Zeit, die man mit großer Kunst angestrahlt hatte, die Kirchen, die Villen und die verlassenen Häuser vergessener Herren. Als die verschwindende Stadt zu leuchten begann, lag sie da wie ein Stern, dessen Licht noch glimmte, obwohl er lange verglüht war.

Manchmal ist es leichter, einen Gipfel zu erklimmen, als ihn wieder hinabzusteigen. Eine Legion von Taxen wartete hinter der Bergstation, einhundert Wagen, Stange an Stange, und so verging eine ganze Stunde, bis die Wagen, die Busse und die Gondeln ihr Werk verrichtet hatten. Als wir schließlich nach Downtown zurückkehrten, war es im «Lucky Pierrot» dunkel, und die welke, säuerliche Luft in der «German Beer Hall» trieb uns rasch wieder zurück in die Nacht, zurück in die zweifelhafte Obhut des «Grand Hakodate».

Während wir durch ein Viertel schlenderten, dessen Bewohner bereits schliefen, stieß Natsumi auf eine rätselhafte, dezent beleuchtete Tür. Sie verbarg sich in einem Eckhaus, das von zwei menschenleeren Straßen eingerahmt wurde. Nur ein blasses Schild in japanischer Schrift, *suehiro*, Fächer, machte auf sie aufmerksam – als wolle jemand verhindern, dass die Touristen sie entdeckten.

Wir wagten einen Schritt hinein und fanden uns auch schon an der Theke wieder. Der Raum war kaum größer als die Theke selbst, und dennoch schien es sich nicht um ein

Trinkerloch zu handeln. Es war eine kleine, klassische Bar, die von einem Szenepärchen mit Retrobrillen geführt wurde. Sie wirkte durchaus stilvoll und gepflegt – was jedoch weniger für ihre Besucher galt. Am Tresen hockten drei alte Bekannte. Nein, sie lagen halb darauf, der Dünne, der Dicke und der mit dem teuren Anzug, dessen Augen merklich gerötet waren, während ein dezenter, süßlicher Zigarettenhauch in der Luft hing.

Weil die beiden Kneipiers nicht nur jung, sondern auch ungewohnt neugierig waren, kam Natsumi schnell mit ihnen ins Gespräch. Sie stellte sich selbst als «Halbe» vor, wie sie es häufiger tat, und sah darin keine Diskriminierung, eher eine präzise Beschreibung. Natsumi fühlte sich nicht als Fremde, weder hier noch in Übersee. Sie war eine Reisende zwischen den Welten, und ab und zu gefiel es ihr, mit den Kulturen zu spielen, die sie in sich vereinte.

«Was habt ihr denn heute Abend so gemacht?», erkundigte sich die Wirtin.

«Och, wir waren auf dem Chinesenberg», sagte Natsumi, «und haben uns Regenschirme in die Rippen stoßen lassen.»

«Ehehehehehe!», lachte der Dicke, und der Dünne klatschte dazu in die Hände, was wäre der Humor ohne Stereotypen.

Wir bestellten einen Local Hero, frisch gezapftes Sapporo. Unter all den lasterhaften Dingen, die Ausländer ins Land gebracht haben, zählt *bīru* wohl zu den beliebtesten. Kein anderes alkoholisches Getränk ist in Japan derart populär, und die vier großen japanischen Brauereien ringen um Marktanteile: Asahi, Kirin, Suntory und eben Sapporo, dessen Brauerei, wie wir erfuhren, von der «Behörde zur Erschließung Hokkaidōs» in der Inselhauptstadt gegründet worden war. Die Marke ziert ein goldener Stern. Er glänzte auf den beiden gläsernen, großzügig gefüllten Bierkrügen, die man uns reichte.

«Eine *hāfu*?», wagte sich der mit dem teuren Anzug vor. «Aus Deutschland?»

«Fulantsu», blubberte der Dicke, «Fulantsu Beckenbaua!»

«Oh, ich liebe deutschen Fußball», sagte der Dünne und suchte meinen Blick.

«Warum Bier?», fragte der mit dem teuren Anzug. «Weil ihr Deutsche seid?» Er deutete auf seinen Longdrink, bevorzugte aber die Bezeichnung «Highball». Der Mann trank einen Chūhai, einen Mix aus Limonade oder Sodawasser und Shōchū, japanischem Branntwein, und war davon überzeugt, dass der Highball das *bīru* von der Spitze des japanischen Markts verdrängen werde. «Früher oder später, aber wahrscheinlich früher.» Tatsächlich boomte das Getränk, wenn es sich auch nicht um eine neue Erfindung handelte. Der Highball geht auf die Nachkriegszeit zurück, als der Alkohol in Japan von so minderer Qualität war, dass man ihn mit etwas Süßem herunterspülen musste.

«Pierru Littobalusuki!», fuhr der Dicke dazwischen.

«Naohiro Takahara», antwortete ich, um irgendetwas Sinnvolles zu dieser Konversation beizutragen, wie auch immer man den Japaner, der ein paar Jahre in Hamburg gespielt hatte, angemessen aussprach.

«Schuainschutaiga!», grölte er zurück, und der mit dem teuren Anzug entledigte sich seines Sakkos, um es schwungvoll über den Brummschädel des Störenfrieds zu werfen.

«Der ... darf das», blubberte der Dicke unter dem edlen Stoff. «Er ist ein hohes Tier!» Dabei machte er kaum Anstalten, seinen Kopf zu befreien.

«Ein verdammt hohes Tier», ergänzte der Dünne, obwohl der obszön aufgeknöpfte Kragen und das Kettchen, das darunter zum Vorschein kam, eher eine niedere Spezies vermuten ließen. Der Mann war mir nicht unsympathisch, und dennoch hätte ich mich lieber mit dem Barkeeper unterhalten. Er erinnerte mich an einen Helden meiner Jugend. Mit seinen stacheligen, halblangen Haaren hatte er etwas von Captain Tsubasa, dem legendären Manga-Kicker aus der TV-Serie «Die tollen Fußball-Stars», wie sie in Deutschland hieß.

Wohl um seinen Lorbeeren gerecht zu werden, orderte uns das hohe Tier zwei Highballs. Natsumi vermutete jedoch, dass sich die wirklich hohen Tiere im Hinterzimmer aufhielten. Es verbarg sich in unserem Rücken, und soweit ein Vorhang es erkennen ließ, saßen dort drei weitere Anzugträger im Schneidersitz, die wiederum Sake, Reiswein, tranken. Die Wirtin brachte ihnen eine neue Flasche.

«Oliba Kahn!», rief der Dicke, beinahe akzentfrei, und tastete nach seinem Glas, das er bald darauf ohne Verschütten unter das Sakkozelt führte, um es anschließend mit bemerkenswert ruhiger Hand wieder auf dem Tresen abzustellen. «Milosulabu Kulose!»

«Shinji Kagawa», gab ich zurück und fragte mich, wie es sich in seinen Ohren wohl anhörte.

«Julugen Kulinsumang!»

«Makoto Hasebe!»

«Lukasu ...», schien der Dicke zu überlegen.

«Podolusuki?»

«Jajajajaja!», freute er sich.

«Ich liebe deutschen Fußball!» Der Dünne reckte seine Hände wie zum Gebet gen Himmel, und wäre er kein Japaner gewesen, er hätte nun seinen Arm ausgestreckt und ihn zärtlich um meine Schulter gelegt. «Weißt du, ich liebe ihn einfach.» Obwohl er nicht touchy wurde und auch niemand in Verlegenheit geriet, Natsumi anzufassen, war es mir bald der Liebe zu viel. Mit den Worten *o-kanjō onegaishimasu* – ich bitte um die Rechnung – gab ich der Wirtin einen Wink. Es war eine der wenigen japanischen Floskeln, die ich beherrschte.

Kaum hatte ich den Satz gesprochen, riss sich der Dicke das Sakko vom Kopf und kippte vor Kichern beinahe hintenüber. Der Dünne schien einen Asthmaanfall zu bekommen. Er lief purpurn an und hämmerte mit der flachen Hand auf den Tresen, während das hohe Tier mit einem Fingerschnippen die zweite Runde schmiss. Die Wirtin sah indes hilfesuchend zu meiner Frau.

«Was ist denn los?», fragte ich Natsumi.

«Du hast nicht *o-kanjō*, die Rechnung, bestellt.» Natsumi nahm einen Schluck. «Du hast *o-kanojo* gesagt, ich bitte um eine Freundin.»

IESU KIRISUTO UND DAS MAGISCHE IZAKAYA

NIKKŌ

Ist das ein Taifun?», rief Natsumi. «Nein, aber es ist *wie* ein Taifun!», rief der Fahrer lauthals zurück. Meine Güte, was fehlte denn noch zu einem Wirbelsturm? In der Nacht schon hatte der Wind wie verflucht durch alle Ritzen gepfiffen, während der Regen das Kloakenwasser retour schickte, hinein in die Leitungen, hinauf in die Badezimmer und einmal rundherum durch unsere Träume. Nun eilten wir aus der Hotelhalle, machten einen ordentlichen Satz über den Sturzbach, der den Rinnstein flutete, und landeten dennoch tropfnass im Fond eines Taxis, auf eiligstem Wege zum Bahnhof.

Unser Ausflug nach Hokkaidō war beendet, bevor er so recht begonnen hatte. Radio- und Fernsehsender warnten davor, in die Wildnis ringsum zu reisen, und hier in den Straßen wirkte es, als wolle das Unwetter noch die letzten Schindeln von den Dächern reißen. «Sie beide haben wirklich Pech!», lachte der Herr am Lenkrad. «So was gibt's hier eigentlich nicht im Juni.»

Hinter den Schlieren auf den Scheiben flüchteten und froren die Passanten, murrend wie in der guten, alten

Heimat, und so bedauerte ich es wenig, dass wir die Insel gleich wieder verließen. Natsumi hatte vorgeschlagen, zurück in den Süden zu reisen, in die «Stadt des strahlenden Tags», was sich nach einer ausgezeichneten Idee anhörte. Der Wallfahrtsort liege nicht weit von Tokyo entfernt, wo in Kürze das zweite Familientreffen stattfinden sollte. Er sei unter Japanern so beliebt, dass sie ihm ein eigenes Sprichwort gewidmet hätten: «Nikkō wo minakeraba, kekkō to iu na.» Nenne nichts prachtvoll, bevor du nicht Nikkō gesehen hast. Endlich ein klares Statement im Reich der Demütigen.

Von nun an reisten wir mit den Göttern, und je näher wir der Tempelstadt kamen, desto gnädiger zeigte sich auch der Himmel. Der erste Lichtstrahl fiel auf den Shinkansen, als wir die Präfektur Aomori durchquerten, an der Spitze Honshūs. Genau so hatte ich es früh am Morgen prophezeit. «Na», sagte ich, «wo liegt Jesus von Nazareth begraben?» Doch Natsumi seufzte bloß. «Fängst du schon wieder damit an?»

Wir waren auf eine verstörende Geschichte gestoßen, und irgendwo in dieser Gegend, die für ihre Apfelplantagen und wenig anderes bekannt ist, musste sie sich zugetragen haben. Eine japanische Rateshow hatte am Vortag über ein Mittsommerfest in dem abgelegenen Bergdorf Shingō berichtet. Frauen in wallenden, fliederfarbenen Kimonos tanzten mit Schlangenarmen um eine Erdkuppe herum. Dabei summten sie ein Lied, das weder japanischen Silben noch irgendeiner anderen Sprache folgte. Es sei an das Hebräische angelehnt, erklärte ein Chronist, und werde von Generation zu Generation weitergegeben.

Auf dem besungenen Hügelchen, das von einem Gartenzaun umgeben war, ragte ein hölzernes Kreuz empor, hoch wie drei Männer, und darunter lag ein Gedenkstein, der an einen gewissen «Iesu Kirisuto» erinnerte. Tatsächlich schienen die Leute zu glauben, Gottes Sohn habe seine letzte Ruhestätte hier gefunden, in Japan. Sogar ein offizielles Straßenschild verwies auf die Sehenswürdigkeit «Tomb of Christ».

Während Natsumi die Story mit einem Kopfschütteln kommentierte, sah ich es als meine journalistische Pflicht an, tiefer zu recherchieren. Wie in mehreren internationalen Zeitungen zu lesen war, beriefen sich die Dorfbewohner auf eine zehn Meter lange Schriftrolle in japanischen Lettern. Das Papier enthalte sowohl den Lebenslauf als auch den letzten Willen des Messias: Man möge ihn am Ende seiner Tage hier in Japan beisetzen, neben den sterblichen Überresten eines gewissen «Isukiri». Bei diesem Isukiri, und das ist die nächste Sensation, soll es sich um einen bisher unbekannten Bruder des Heilands handeln. So liegt der Gruft von Shingō ein zweiter, identischer Grabhügel gegenüber, ebenfalls versehen mit einem Kreuz. Woher die Schriftrolle stammt? Bedauerlicherweise sei das Original in den Wirren des Zweiten Weltkriegs verloren gegangen, heißt es im Dorf.

Will man dem Dokument Glauben schenken, dann verrät es mehr über die geheimnisumwitterten Studienjahre Christi, die in der Bibel nicht näher beschrieben werden: Als Iesu Kirisuto das einundzwanzigste Lebensjahr erreicht, bricht er das erste Mal über Sibirien nach Japan auf. Wie er die vielen tausend Meilen bewältigt, ist nicht überliefert, dafür jedoch die beachtliche Dauer seines Besuchs. Zwölf lange Jahre verweilt Iesu im Land der aufgehenden Sonne, er lernt die fremde Sprache, begegnet einem Shintō-Priester und wird dessen eifriger Schüler. Anschließend kehrt er in seine Heimat Judäa zurück, um das neu gewonnene Wissen zu lehren. Seine Mission stößt nicht allerorts auf Gegenliebe, wie es auch die Evangelien des Neuen Testaments erzählen. Kaum ist das letzte Abendmahl verschmaust, wird er am Fuße des Ölbergs aufgegriffen und wenig später verurteilt.

Danach jedoch weicht die Schriftrolle entscheidend von den Versen der Bibel ab. Statt den Nazarener hinzurichten, schlägt man irrtümlich den Bruder ans Kreuz, besagten Isukiri, der sich freiwillig für Iesu opfert. Das ist nobel, und wie gerne würde man mehr über diesen ominösen Verwandten erfahren. War er das Kind von Maria und Josef, also streng genommen ein Halbbruder? War er ein zweiter Sohn Gottes, ebenfalls gezeugt durch den Heiligen Geist? War er vielleicht sogar ein Zwilling Jesu Christi, was die Verwechslung bei der Kreuzigung erklären würde?

Trotz ihrer Länge von zehn Metern hält sich die Schriftrolle nicht mit solchen Nebensächlichkeiten auf. Vielmehr setzt sie ihre Heldenreise unbeirrt fort: Iesu Kirisuto kann entkommen und kehrt wohlbehalten in den Norden Japans zurück. «Nach den Ups und Downs, die eine Reise nun mal mit sich bringt», heißt es auf einer Gedenktafel in Shingō. Im Beutel trägt er eine Locke der Jungfrau Maria und – der Himmel weiß, warum – ein Ohr seines Bruders Isukiri, das er nun symbolisch bestattet. So interpretiert, wirkt die Karriere Christi zwar weniger heroisch, und bei all den Fragen, die offenbleiben, könnte man ihn gar für einen Ohrabschneider halten, doch dafür nimmt sie ein

Happy End. Iesu erlernt die hohe Kunst der Knoblauchzucht, verliebt sich in ein Bauernmädchen, wird Vater von drei Töchtern und stirbt im biblischen Alter von einhundertundsechs Jahren eines natürlichen Todes, kahlköpfig, aber in Frieden.

Seine angeblichen Nachfahren in Shingō, die gerne Interviews geben, pflegen übrigens immer noch ein gewisses Faible für das Christentum, was durchaus ungewöhnlich ist, denn nicht einmal ein Prozent der Japaner bekennt sich zur katholischen, evangelischen oder orthodoxen Konfession. Doch wie es heißt, können sie sich ebenso für shintoistische und buddhistische Lehren erwärmen. «Sind Japaner eigentlich religiös?», fragte ich mich, und Natsumi lächelte. Ich möge die Antwort an unserem Reiseziel suchen.

Nikkō is Nippon, gelobten die Aushänge im Umsteigebahnhof Utsunomiya, und das waren doch mal gute Nachrichten. Ich hatte bereits begonnen, Japan zu vermissen. Von hier aus folgten wir Nemuri-neko, einer Katze, die sich gemütlich eingerollt hatte und mit dem gefleckten Kopf auf ihren Pfötchen schlief. Diese Schlummerkatze, das Wahrzeichen der Pilgerstadt, sollte so lebensecht geschnitzt sein, dass sich weder eine Ratte noch eine Maus in ihre Tempel und Schreine hineintraue. Als lieblich gezeichneter Cartoon grüßte sie von jedem Waggon der Regionalbahn, und so führte sie uns traumwandlerisch sicher in die Arme eines wahren Propheten.

Sein Altar war die Rezeption, das Check-in-Ritual seine Liturgie, und ausländische Touristen schienen seine Gemeinde zu sein. Der Concierge des Nikkō Station Hotels zeigte keinerlei Angst vor der Kommunikation mit Fremden. Im Gegenteil. Er verwendete die englische Sprache mit kindlicher Begeisterung, ohne über nennenswerte Grammatik oder einen besonders reichen Wortschatz zu verfügen. Diesen Mangel jedoch kaschierte er mit einem Kniff: Der Mann zog seine Sätze hingebungsvoll in die Länge. So lang, dass keine Nachfrage dazwischenpasste. Und er redete laut, sehr, sehr laut.

«May I haaave your naaame?» Seine Stimme schien Achterbahn zu fahren. «Passpooort pleeease, Mister Gasutomaaang!» Er lachte, als würde er sich über sich selbst amüsieren. «Two passpooort, pleeease», wandte er sich an Natsumi, die gar keine Chance erhielt, ins Japanische zu wechseln. «Thaaaank youuuu!» Doch wer wollte diesem Herrn schon die kindliche Freude verderben. «Two night staaay?», hielt er fest, etwas ungläubig, als hätte es noch kein Gast länger als eine Nacht bei ihm ausgehalten. «Thaaank you soooo muuuhuuuch!» Damit überreichte er uns auch schon die Zimmerschlüssel und angelte einen Grundriss des Hauses aus seinen Unterlagen. Er nahm die Haltung eines Flugbegleiters an, deutete auf eine Tür in unserem Rücken und intonierte im Zungenschlag eines Quizmasters: «Misses Gasutomang, Miiister Gasutomang, please turn around and haaave a look! If you gooo right, it iiis …?»

Er hielt erstmals inne, vermutlich, um Spannung zu erzeugen. Ich vermisste den Trommelwirbel.

«Onsen!», kicherte er.

Fabelhaft, eine heiße Quelle, der Hauptpreis.

«Misses Gasutomang, Miiister Gasutomang», das Spektakel ging in eine neue Runde, die Arme des Mannes wiesen diesmal auf die gegenüberliegende Tür, «if you gooo left, it iiis ...?»

Wieder verfolgten wir das Theater mit verblüfftem Staunen.

«Resutoraaang!», rief er und bog sich hinter seinem Tresen. Es war eine herrliche Darbietung, und ihm selbst gefiel sie wohl am besten. Seine Arme zeigten nun geradeaus.

«Misses Gasutomang, Miiister Gasutomang, if you go straight, it iiis ...?»

«Elevator?», zögerte ich.

«Exactlyyy!», strahlte er. «Have a nice staaay!»

Nach den bitteren Hotelerfahrungen der vergangenen Tage hatte ich mir erlaubt, dem Schicksal ein wenig auf die Sprünge zu helfen. Zwar musste ich dafür das Prinzip des Gesichtsverlusts auf perfide Weise nutzen, aber es ging um eine gute Sache, und so willigte Natsumi ein. Ich schrieb jeder Unterkunft, die noch vor uns lag, eine herzergreifende Nachricht. Falls es möglich sei, formulierte ich, jedoch nur, wenn es dem Hause wirklich keine Umstände mache, hätten wir gerne – ich zitiere mich selbst – «ein weitläufiges, ruhiges und schönes Zimmer». Wir seien doch schließlich im Honeymoon. Allein dieser Nachsatz grenzte an emotionale Erpressung, und er schien zu funktionieren. Einige Herbergen schwiegen sich aus, was immer ein probates Mittel ist, andere aber gratulierten und machten mir Mut. Eine versprach sogar, ein kleines Geschenk vorzubereiten.

Das Nikkō Station Hotel, das ich noch unterwegs kontaktiert hatte, reagierte prompt. Ich solle mir keine Sorgen machen, alle Zimmer seien äußerst komfortabel und großzügig geschnitten, so wie unseres selbstverständlich auch.

Es war keine Lüge. Zum ersten Mal fühlte ich mich, als seien wir auf einer Erholungsreise. Natsumi kochte Teewasser, ich schnitt einen Apfel auf, und bei einer Tasse Sencha setzten wir uns an die Fenster. Wenn sich auch kein Panorama dahinter ausbreitete, so blickten wir doch in einen blätterumrankten Innenhof, der die Bergwälder, in denen die Tempel von Nikkō verborgen lagen, erahnen ließ. Im Schutze der Zedern, die auf den Hängen vierzig, fünfzig Meter in die Höhe ragen, würden wilde Schneeaffen hausen, erzählte Natsumi, ganze Horden. Sie gelten in diesem Landstrich, der nach Tannennadeln duftet, als heilig und nutzen ihren Status wohl schamlos aus, um die Bewohner der Siedlung zu bestehlen, ihre Speisekammern und ihre Märkte zu plündern. Es hieß sogar, die Häuser ringsum würden dieser Tage von hungrigen Braunbärmüttern und ihren Jungen heimgesucht, nachts, wenn Nikkō friedlich schläft.

Ansonsten bleibt wenig über den weltlichen Teil des Wallfahrtsorts zu sagen, der erst in den fünfziger Jahren aus dem Waldboden gewachsen ist. Die Nähe zu Tokyo ist sein Glück, aber eben auch seine Plage. Morgens, in aller Frühe, strömen die Besucher aus dem Bahnhof. Sie treiben die Hauptstraße hinauf, vorbei an Händlern, Bäckereien und Cafés bis zu jener Stelle, an der ein Priester den Gebirgsfluss Daiya bezwungen haben soll. Nicht mit dem Floß, auch nicht schwimmend oder gar mit bloßen Füßen über die Fluten wandelnd, sondern noch um einiges artistischer: Der Diener Gottes ritt auf zwei Schlangen. Nun wölbt sich dort eine zinnoberrote Brücke über den Strom, und ich könnte beschreiben, wie prachtvoll sie mit dem gletscherfarbenen Wasser und dem grünen Dach des Nationalparks kontrastiert. «Sie gehört zu den drei sehenswertesten Brücken des Landes», las Natsumi aus einem Reiseführer vor und grinste. Doch Dichter, schreibe nicht «prachtvoll», bevor du nicht die Heiligtümer von Nikkō gesehen hast. Von hier aus liegen sie nur noch eine Wanderung entfernt, über Treppen, Bergwege und eine Zedernallee.

Wie könnte man die Gefühle in Worte fassen, die in mir aufstiegen, als das Bild des allerersten Tempels die Netzhaut küsste? Was empfanden Kopf, Herz und Bauch angesichts all jener Holdseligkeit? Welche Verse schmiedeten meine Gedanken? «Grauenvoll», seufzten sie, doch daran trug das Gebetshaus, das dem Schlangenreiter gewidmet war, keinerlei Schuld. Der Rinnō-ji mag ein leuchtendes Beispiel buddhistischer Architektur sein, auf mich wirkte er zunächst wie eine Tierkadaververbrennungsanlage. Man hatte eine monströse Halle um ihn herum errichtet, einen Albtraum aus Wellblech, wuchtig wie eine Fabrik, in der Farbe von Zahnbelag. Das gut gemeinte, überdimensionale Foto des Tempels an der Fassadenfront sollte für etwas Liebreiz sorgen und änderte doch wenig an der Atmosphäre, die noch schmeichelhaft umschrieben wäre, würde man vom Charme eines Industriegebiets sprechen. Zehn lange Jahre werde das Haus der Andacht restauriert, entschuldigte sich eine Kartenverkäuferin, und bald verfütterten wir unseren Frust an die Koi-Karpfen im nahe gelegenen Garten.

Unser Glück setzte sich im berühmten Tōshō-Schrein fort. Eine Konzertbühne verdeckte die fünfstöckige Pagode aus dem siebzehnten Jahrhundert, und auch das Tor der Dämmerung blieb verhüllt. Es trägt diesen Namen, weil man es scheinbar so lange betrachten möchte, bis die Sonne hinter den Gipfeln verschwunden ist. Wir jedoch hatten einige hundert Yen bezahlt, um nun auf Plastikplanen zu starren. Sehe nichts Böses, sage nichts Böses, höre nichts Böses, mahnten die Affenfiguren unter dem Giebel eines heiligen Pferdestalls, in dem ein ebenso geweihter Schimmel wieherte. Natsumi aber, ganz Controllerin, konnte in diesem Fiasko nur schwer an sich halten. «Ich verlange Rabatt», sagte sie und wagte es doch nicht, ihn einzufordern, als sie bemerkte, wie sich die anderen Besucher verhielten. Statt zu nörgeln, fügten sie sich. Statt Meisterwerke zu fotografieren, knipsten sie Absperrungen, Verschläge, Hinweisschilder, und das schien ihrer Laune keinen Abbruch zu tun. Sie erfreuten sich an den kleinen Überraschungen, die der Ort versteckt hielt, wie an den Sozonozo, den erdachten Elefanten. Der Bildhauer, der sie geschnitzt hat, soll nie eines der fremdländischen Tiere zu Gesicht bekommen haben, also fügte er sie allein aus Erzählungen zusammen. Er schenkte ihnen Krallen, Schlappohren und ein Fell, und in einem seiner Elefanten der Phantasie hätte man auch einen Kugelfisch mit Beinen erkennen können. Doch dabei wirkten die Tiere so plastisch, als würden sie gleich aus ihrem Relief treten.

Hunderttausend Mann und mehr, ganze Heere von Künstlern und Arbeitern, hatten in den Höhen von Nikkō gewerkelt, getüncht und gelitten. Alles, um Tokugawa Ieyasu eine letzte Ruhestätte zu geben – jenem Shogun, der Japan, das Land der streitenden Reiche, befrieden und einen konnte. Dabei schufen sie etwas Lebendiges. Man musste nur einen Schritt aus der Menge tun, um zu spüren, wie die Bauwerke mit den Sicheltannen atmeten und mit den Geistern, die aus den Bächen stiegen, flüsterten.

Der Tōshō-gū trank den Regen und nährte das Moos, das seine Mauern wärmte. Er ist ein Mischwesen. Eine Hälfte strebt in den Schatten, die andere sucht das Licht. Torii aus schlichtem Granit wechseln mit Schreinwänden, die mit Pfauen, Pfingstrosen und Drachen geschmückt sind. Steinlaternen flankieren Elfenbein und einhundert Facetten Gold. Shintoistische Zurückhaltung trifft auf buddhistischen Glanz. Das alles erschien mir wie eine Parabel: Achtzig von hundert Japanern bezeichnen sich als Shintoisten, während sich siebzig von hundert Japanern Buddhisten nennen. Kann ein Volk zu einhundertundfünfzig Prozent gläubig sein?

Wenn es heiße Liebe war, die zwischen den Pilgern und ihren Göttern brannte, dann vermieden sie es, sie zu zeigen. Niemand fiel auf die Knie, niemand wurde von spirituellen Kräften so übermannt, dass ihm eine Träne über die Wange gerollt wäre. Die Schreinbesucher warfen eine Münze in eine Truhe, läuteten eine Glocke, schlossen die Lider, klatschten zweimal in die Hände, schrieben einen Herzenswunsch auf ein Holztäfelchen und hängten es zu tausend anderen in ein Regal. Auf einem von ihnen stand: «Ich bitte um eine hübsche Freundin.» Nach dem kurzen Gebet betrachteten die Pilger die Vitrinen der Tempel und Schreine, in denen Glücksbringer auslagen. Achthundert Yen für beruflichen Erfolg, eintausend Yen für Sicherheit im Straßenverkehr und noch einiges mehr für die Heilung einer Krankheit, den Schutz vor bösen Mächten oder den erfüllten Kinderwunsch. Je heikler die Mission, desto teurer der Segen. Auch die Götter haben ihren Preis.

Ist das noch pragmatisch oder bereits zynisch? Who cares, würden die Weltenlenker sagen. Der Shintoismus verzichtet auf Himmel und Hölle. Alles Leben kommt aus der Natur, alles kehrt dorthin zurück, und für das flüchtige menschliche Dasein schreibt er wenig vor. Er kennt keine Gebote, keine Todsünden, keine Heilige Schrift, nicht mal eine Taufe, so führt er auch keinen Strafenkatalog. Und der Buddhismus, der aus China importiert wurde? Anscheinend lässt er sich problemlos mit dem Shintoismus kombinieren und mit Elementen weiterer Religionen erfrischen. So verlobt man sich nach shintoistischem Brauch, heiratet in einer katholischen Kirche, und nimmt das Leben nach der rauschenden «Merii Kurisumasu!»-Party ein Ende, lässt man sich buddhistisch bestatten. Damit beginnt weder eine letzte Reise ins Ungewisse, noch folgt ein Jüngstes Gericht. Der Tod ist nichts weiter als das Ende, also warum sollte man ihn fürchten? «Mir genügt ein kurzes, gesundes Leben», meinte Natsumi einmal, «und danach verbrenn mich.»

Die Schlummerkatze, die uns nach Nikkō geführt hatte, schien das alles wenig zu kümmern. Es war ihr gleich, woher die Menschen kamen, die sie besuchten, und wohin sie gingen. Nemuri-neko brauchte keine Ruhe, um zu schlafen, und sie benötigte keine Größe, um bedeutend zu sein. Natsumi musste einen Mönch nach dem Weg fragen, um sie zu finden, und als wir ihr Versteck endlich entdeckt hatten, in einem Nebenschrein, musste ein anderer Mönch mit dem Finger auf sie deuten, damit wir sie darin erkannten. Die Katze döst über dem Sakashita-Tor, das über zweihundertundsieben Stufen zum Grabmal des Shoguns führt, und genau so viele Leute, die sich verdutzt um uns herumdrückten, dachten wohl dasselbe: Da beherbergt Nikkō so viele Schreine und Tempel, drei Dutzend und mehr, einer prachtvoller als der nächste. Doch wenn Nikkō gleich Nippon ist, was sagt es dann über Japan aus, wenn sich das Wahrzeichen der Stadt, ihr wertvollster Schatz, verschämt zwischen Dach und Türrahmen duckt, zentimeterklein?

Wenn es dunkel wird in Nikkō, dann erlischt es. Die Pilger verschwinden, die Busse fahren ab, die Züge kehren zurück nach Tokyo, die Ladengeschäfte schließen, und mit ihnen auch die Cafés. Es gibt keine Kneipen, keine Bars und keine Clubs, und wer dem wahren Kult dieses Landes huldigen möchte, dem Essen, der hat es schwer. Weil uns nicht nach Hotelküche war, blieben exakt zwei Möglichkeiten. Nummer eins: ein Private Dining Restaurant. Man sitzt in einer Box, bestellt anonym über ein Computerterminal, und hat die Kellnerin die Speisen ins Separee gebracht und die Tür geschlossen, sieht man gemeinsam fern. Nummer zwei: Ich muss gestehen, dass wir nicht wussten, ob es eine zweite Option gab, aber Nummer eins kam an diesem Abend nicht in Frage.

«Misses Gasutomang, Miiister Gasutomang, if you gooo right, it iiis ...?» Ich musste an das Quiz des Rezeptionisten denken, als wir uns in das Braunbärenland vorwagten. Es lag im Schatten des Hotels, wo wir bald eine Serpentinenstraße überquerten und dann durch ein Wohngebiet zogen, in dem Hunde bellten. Einige hundert Meter entfernt brannte noch Licht in einer Turnhalle, und ihr gegenüber stand ein Häuschen mit hölzernem Vordach. Natsumi vermutete darin ein Izakaya, weil an der Front eine verwaschene «Nikka Whisky»-Reklame leuchtete. Sicher war sie sich aber nicht. «And if you gooo left?» Wieder einmal ließen wir es darauf ankommen.

Jedes Izakaya hat seinen Zauber, besonders die kleinen, und ganz besonders jene, in die man von außen nicht hineinsehen kann. Sind Leute darin? Ist es sauber? Welche Visage trägt der Wirt? Man schiebt eine Tür beiseite, diesmal eine aus bronzefarbenem Milchglas, und betritt einen fremden Mikrokosmos. Wir bückten uns unter einem Leinentuch hindurch in den Gastraum und stellten fest, dass dort niemand saß. Niemand außer einem Taxifahrer, der hin und wieder an seinem Sapporo nippte. Der Rest der Theke war verwaist, so wie auch die drei Tatami-Plätze auf einem Podest in seinem Rücken. Die japanische Nationalhymne tönte aus einem Flimmerkasten, der auf einem Kühlschrank stand, und alles zusammen erweckte den Eindruck, als würden wir nur stören.

Doch ehe wir umkehren konnten, machten sich die Besitzer des Ladens bemerkbar: «Sind Sie die zwei, die reserviert haben?» Beide waren um die siebzig und altershager. Der Mann hatte sich neben einer Vitrine voller Geschirr, Gläser und Sakeflaschen niedergelassen und kauerte auf einem Klappstuhl im Halbschatten eines Durchlauferhitzers. Seine Frau, die um einiges interessierter wirkte, war von so geringer Statur, dass sie sich nur mühevoll über ihren Tresen beugen konnte, um uns näher zu betrachten. Obwohl sie Gäste erwartete, war sie erstaunt darüber, uns hier zu sehen. Nach einem Augenblick der Starre aber wies sie rasch auf die freien Barhocker. «Gott sei Dank», sagte die Wirtin, als Natsumi ihr erklärte, dass wir leider über keine Reservierung verfügten, dafür aber über Appetit, «ich hatte schon befürchtet, ich müsste Englisch sprechen.»

Während sich Natsumi in das Angebot vertiefte, erlag ich der hypnotischen Wirkung des Fernsehprogramms.

Die Nationalhymne hatte ein Rugby-Match eingeläutet, einen Schlagabtausch zwischen Japan und Schottland, und ich befürchtete das Schlimmste. Zwar fehlt mir jede Kenntnis dieses Sports, doch es sah so aus, als sei alles erlaubt, um den Ball an der gegnerischen Mannschaft vorbeizuprügeln. Ein Fest für jeden Highlander. Die Japaner aber zeigten sich erstaunlich gewaltbereit. Es waren Prachtbullen mit anrasierten Schläfen, Kinnbärten und Gebissen wie Steinbrüchen, die erstklassig dagegenhielten, und so genoss ich eine entzückende Schlägerei.

Derweil betrat ein weiteres Pärchen den Raum, der Mann in meinem Alter, die Frau etwas jünger, und bald darauf klärte sich ein Missverständnis. Die zwei, die Golfpullover trugen, hatten kurz vor unserer Ankunft im Izakaya angerufen und sich nach freien Plätzen erkundigt. «So viel Betrieb an einem Abend», staunte die Wirtin. Ja, Golf sei ein beliebter Sport in dieser Gegend, erzählte Natsumi, so wie letztlich im ganzen Land. Viele Japaner würden mit ihren Kollegen golfen gehen. Man müsse nur darauf achten, dass man nicht besser spiele als der Chef.

Natsumi hatte noch immer nicht bestellt. «Was überlegst du denn so lange?» Sie deutete auf eine Leiste unter der Zimmerdecke. Die Standardspeisen des Izakayas baumelten wie Wäschestücke an Nägeln über dem Glasschrank. Das Ehepaar hatte sie in japanischen Schriftzeichen auf Zedernschindeln drucken lassen, und ging eines der Gerichte aus, so nahmen sie die jeweilige Schindel ab oder drehten sie um. Zehn weitere Gerichte schimmerten in Kreidezeichen auf einer Schiefertafel.

Wie sich zeigte, verfügte das Lokal über eine bedrohliche Bandbreite, von Sushi über Salat bis zu Ramennudeln. Dazu gesellten sich Verständnisprobleme. «Was soll ich mir unter einer gebundenen Blume vorstellen?», rätselte Natsumi. Das Ehepaar hatte einigen Speisen verspielte Namen gegeben, und was sich dahinter verbarg, wurde nun im regen Austausch mit der Dame des Hauses geklärt. «Vielleicht kann sie etwas empfehlen?», schlug ich vor. «Warum sollte sie?», sagte Natsumi. Etwas zu empfehlen würde bedeuten, sich selbst zu loben, und nichts liegt den Menschen in diesem Land ferner als das.

Der Ehemann indes saß einfach nur da und verfolgte das Match. Einige der Zuschauer sprangen auf, als es einen Japaner von den Beinen riss. Im Gegenzug wurde einem Schotten das Mett aus dem Wirsing gedroschen. Es handele sich um ein Freundschaftsspiel, erklärte der Golfer und verließ das Lokal. «Sie können auch hier rauchen!», rief ihm die Wirtin nach, musste dann aber erfahren, dass seine golfende Begleiterin schwanger war. «Ich habe ja nie geraucht», sagte unsere Gastgeberin, «dabei tut das fast jeder.» Japan sei das letzte Raucherparadies der modernen Welt, weil man noch ungestört in Bars und Restaurants qualmen könne. «Aber inzwischen tüftelt das Gesundheitsministerium an einem Verbot.»

Mit einem Mal stellte die Frau das Plaudern ein und begann, Bier zu zapfen. Ihr Mann erhob sich und schlurfte stumm zum Eisschrank. Ich sah zu Natsumi, und wir dachten wohl dasselbe. Es weckt gewisse Urängste, wenn sich der Wirt daranmacht, in Cellophan gewickelte Zutaten aus dem Kühler zu kramen, vor allem in einem Provinzlokal, das wenig frequentiert ist. Natsumi hatte reichlich bestellt, Seidentofu, Spargelspitzen mit Rind und Gyoza, Teigtaschen, doch sie schien es jetzt zu bereuen.

Was uns schließlich serviert wurde, war nicht gut. Es war brillant. Allein der Tofu. Der Mann hatte ihn nicht in Öl frittiert oder in Marinade ertränkt. Er hatte seinen Geschmack lediglich mit Ingwer, Frühlingszwiebeln, Soja und Fischflocken hervorgehoben, so simpel, doch das reichte, um «prachtvoll» zu denken und «oishii» zu sagen, köstlich. Die Leute aber verlangten kein Lob. Während wir aßen, sprachen sie nicht, und sie sahen auch nicht zu uns herüber. Niemand in Japan hatte uns je gefragt, ob wir mit dem Essen zufrieden seien. Es fielen keine Kellnersätze wie «You guys enjoy your food?», denn was wäre die Konsequenz gewesen? Entweder es schmeckt nicht, dann verliert der Koch sein Gesicht. Oder aber es schmeckt, dann hätte der Koch eine Schmeichelei erzwungen, was noch schlimmer wäre. In Japan ergäbe diese Nachfrage keinen Sinn. Selbst wenn es dem Gast überhaupt nicht schmeckte, würde er den Horrorkoch dennoch loben und sich freundlich für die kulinarische Ohrfeige bedanken, um anschließend niemals wiederzukehren.

Der Taxifahrer verabschiedete sich. Offen gestanden, kann ich nicht sagen, ob er wirklich Taxi fuhr, aber so einsilbig, verlebt und schläfrig, wie er über seinem Bier gebrütet hatte, erfüllte er jedes Klischee eines Helden der Nacht. Auch die Besitzer des Izakayas wirkten müde. Der Mann gönnte sich nun selbst ein Kirin-Ichiban und sank zurück auf den Klappstuhl in seiner Nische. «Dass er mit euch trinkt, ist ein gutes Zeichen», sagte seine Frau, die selbst nüchtern blieb. «Es bedeutet, dass er endlich anfängt zu reden.»

Sie sollte recht behalten. Zumindest verlor er jetzt den ein oder anderen leisen Satz, während seine Frau die lauteren hinzufügte. Die zwei waren keine gelernten Gastronomen, wie sie uns erzählten. Er hatte viele Jahre in einem Büro gearbeitet und sich von einem auf den nächsten Moment für ein neues Leben entschieden. Der Mann kündigte seinen Job, einen Monat später eröffnete er das Lokal. Bis dahin hatte seine Gattin solche Läden nicht gekannt, weil sie a) eine treu sorgende Hausfrau war und b) noch nie etwas getrunken hatte. «Nicht einen Tropfen, bis heute!», rief die Wirtin und hob die flache Hand, als wolle sie einen Schwur leisten. Ihr Mann habe sie also zwei-, dreimal in ein Izakaya entführt, damit sie verstehe, was den Herren daran so gefalle. «Das war mir dann ziemlich schnell klar», kicherte sie. «Dreißig Jahre ist das nun her», seufzte er. Es wäre schön, wenn sie den Laden noch eine Zeitlang halten könnten, meinten beide.

Und wo hatte unser schweigsamer Freund die Kunst des Kochens erlernt? Er sei Autodidakt, lächelte er verlegen, niemand habe ihm je etwas beigebracht.

«Aber er experimentiert gerne», sagte die Frau. «Manchmal, wenn er zu Hause ist, lässt er eine Brühe stundenlang kochen, bis er endlich den richtigen Geschmack getroffen hat.»

«Na ja, ich koche eben nur Gerichte, die mir auch selbst schmecken.»

Im Grunde möge man die Schindeln und die Tageskarte vergessen und ihm einfach zurufen, wonach einem gerade sei. «Und wenn mir nach etwas ist, das er überhaupt nicht leiden kann?», ließ ich fragen. Dann müsse er eben ein wenig mit den Zutaten tricksen, denn er könne mir den Wunsch ja nicht abschlagen. Wie ihm seine Nichte berichtet habe, sei dieses Lokal unter den Leuten im Internet als

«Magisches Izakaya» bekannt. «Was immer du essen willst, hier bekommst du es», lachte die Wirtin.

Der wahre Name lautete «Hanamusubi», gebundene Blume, und sie krönte den Abend. Es war Schweinefilet, das in einer gold marmorierten Kruste ruhte und sich wie die Blätter einer Blüte um Shiso-Blätter, etwas Würziges und etwas Zuckriges legte. Der Mann versah sie mit einer einzigen süßsauren Pflaume und tauchte anschließend wieder in den Schatten, um das Rugby-Match zu verfolgen, das Japan trotz allen Eifers verlor.

DIESER WUNDERBARE MOLOCH

ZURÜCK IN TOKYO

Das Telefon klingelte. «Ihr könnt jetzt waschen!», hatte uns Katsumi-san, die Schönheit des Sieges, mitzuteilen – und außer einem «Guten Morgen» nicht viel mehr. «Ich geh schon», sagte Natsumi und schlich mit einem Sack Kleidung zur Tür hinaus. Wir waren nach Tokyo zurückgekehrt, der Flitterwochenalltag hatte uns wieder, und so wohnten wir erneut unter einem Dach, meine Frau, meine Schwiegereltern und ich.

Eine Stadt, ein Hotel und zwei Suiten, die so weit auseinanderlagen, wie es beiden Parteien behagte. Auf einigen der Etagen, die uns trennten, fanden sich Waschautomaten. Es waren Rumpelkisten, ratternde Münzmaschinen, die nur mit kaltem Wasser arbeiteten, wie es in Japan üblich ist. Doch dafür besaßen sie ihren eigenen TV-Kanal: Die Fernseher in den Zimmern zeigten an, welche Trommeln sich gerade drehten und welche auf Kundschaft warteten. Unter den Hotelgästen waren die Wasch- und Trocknerplätze erstaunlich begehrt, und Katsumi-san musste das Programm eine Weile verfolgt haben, bis sie zum Hörer greifen konnte. Wenn wir uns jetzt beeilten, hoffte sie wohl, würden unsere Sachen bis zum nächsten Familientreffen frisch und sauber sein.

Bald berichteten die Waschnews, dass meine Hemden im achten und Natsumis Kleider im zehnten Stockwerk kreisten. Ihre Garderobe erwies sich als schwerer, um exakt ein Pfund, und würde daher sieben Minuten länger benötigen, auch darüber informierte der Fernseher. Eine der Maschinen auf der neunten Ebene hatte ihren Dienst bereits vor geraumer Zeit erledigt, doch niemand schien es für nötig zu halten, sie leer zu räumen, was Natsumi «respektlos» nannte, als sie zurückkehrte. Es war bemerkenswert zu sehen, wie das Waschprogramm die drei großen Japanklischees vereinte: Hygiene, Technikversessenheit und Gemeinsinn. Oder eben das Gegenteil davon, ob man es nun Egozentrik oder freies Denken nennen mochte.

Das Hotelzimmer verfügte über Utensilien, die ihren Pendants in Europa allesamt überlegen waren. Der Wasserkocher kochte nicht nur Wasser, er hielt es sogar warm, und hatte er seinen Inhalt bis zum Siedepunkt erhitzt, meldete er sich mit der kleinen Nachtmusik von Wolfgang Amadeus Mozart. Und die Toilette? Wenn ich die Tür des Badezimmers öffnete, stellte sie eigenständig ihren Deckel aufrecht und machte sich bereit. Ein Hauch von Wasserdampf stieg bis zum Rand der Keramik auf, der Sitz war nicht nur komfortabel, sondern auch beheizt, und ließ ich mich auf ihm nieder, so gab er mit einem gefälligen Surren nach. Wie eine Stimme, die wisperte: Keine Sorge, mein Freund, gemeinsam schaffen wir das schon. Es ist ein Rätsel, wieso der Rest der Welt diese zivilisatorische Errungenschaft belächelt, während man sie hier überall entdeckt, selbst in der schäbigsten Bar. Betätigt man einen Knopf an der Seite des Washlets, fährt eine kleine Düse aus. Je nach Begehr reinigt sie das Gesäß oder andere Positionen, bevor sich ein zweites diskretes Helferlein daranmacht, die gesäuberten Körperstellen zu föhnen. Wer sich um die prozessbedingte Soundkulisse sorgt, der bemüht die Geräuschprinzessin, ein neutralweißes Kästchen an der Wand, in dem sich ein Lautsprecher verbirgt. Ein Tastendruck, und schon füllt sie den Raum mit dem Rauschen des Meeres. So wird aus einer peinlichen Notwendigkeit ein klinischer, nahezu therapeutischer Vorgang. Das alles erleichtert das Scheißen ungemein.

Niemand käme in diesem Land auf die Idee, den Straßendreck in der Wohnung zu verteilen. Jenseits des Hauseingangs wechselt man selbstverständlich in Pantoffeln, um an der Schwelle zum Bad erneut die Fußbekleidung zu tauschen – diesmal in Slipper aus abwaschbarem Kunststoff, die nur für die Nasszelle gedacht sind. Solche Toilettenschuhe gelten im Westen als absurd, doch lässt man alle Häme beiseite, so erweisen sie sich als äußerst sinnvoll. «Das Klo ist iiih!», stellt Natsumi gerne fest und meint damit Keime, Darmbakterien, Haare, Schuppen, Nägel und was sich sonst noch auf dem Fliesenboden findet. In Europa trägt man diese Dinge unter den Sohlen quer durch alle Zimmer, bis in die Küche und sogar hinein ins heimelige Bett. In Japan lässt man sie dort, wo sie hingehören.

Gut ist, was rein ist, und aus allem, was unrein ist, erwächst Krankheit und Übel. Wer ein Restaurant betritt, erhält ein Oshibori, ein benetztes, warmes oder kaltes Handtuch, um Finger für Finger oder auch das Gesicht zu säubern. Wer einen heiligen Ort aufsucht, schöpft vorher ein wenig Wasser aus einer Quelle und spült sich symbolisch den Mund. Dieser außergewöhnliche Sinn für Hygiene nimmt hin und wieder magische Züge an. Der japanische Volksglauben erzählt die Geschichte von Ashiarai Yashiki, einem haarigen, besudelten und ganz und gar grässlichen Riesenfuß, der sich des Nachts durch die Zimmerdecke in die Kammern der Menschen senkt. Er befiehlt den Bewohnern, ihn zu waschen. Tun sie, wie ihnen befohlen wurde, so erhebt er sich wieder in die Lüfte. Gehorchen sie jedoch nicht, sei es, weil sie erschaudern, weil sie Abscheu empfinden oder einfach nur, weil sie faul oder erschöpft sind, so zertritt und zertrampelt der Riesenfuß das gesamte Inventar und gelegentlich auch den Herrn des Hauses. Japaner stammen eben von ihren Göttern ab, wie ihre Inseln, die Natur und das Kaiserhaus, und nur ein Barbar würde Körper, Seele und Umwelt leichtfertig beschmutzen.

So gab sich Tokyo, dieser wunderbare Moloch, aufgeräumt und clean wie Zürich, Straßburg oder Wien. Mehr noch: Die Stadt wirkte geradezu steril, und das, obwohl öffentliche Mülleimer eine Rarität waren, so selten, dass die Gaijin sie gelegentlich fotografierten. Auf eine Million Menschen, schätzte ich, kamen drei oder vier Abfallkörbe. Wer Ballast loswerden wollte, musste also gute Beine haben oder kreativ sein. Zwar konnte man seinen Müll dezent an der Tablettabgabe eines Schnellrestaurants lassen oder ihn in die Dosencontainer neben den Getränkeautomaten drücken, doch beides war nicht gerne gesehen. «Legale» Müllbehälter fanden sich lediglich in Bahnhofshallen oder neben den Eingängen der Kombini, der Vierundzwanzig-Stunden-Läden an der Ecke.

Dabei gelten Japaner nicht gerade als Müllvermeider.

Nahezu alles, was käuflich zu erwerben ist, steckt in Pappkartons und Schachteln und wandert hinter der Kasse in Tütchen, es wird in Servietten geschlagen oder noch einmal in Folie gewickelt, jedes Melonenbrötchen, jedes Reisbällchen, jedes Bento sowieso. Damit sich niemand die Finger schmutzig macht, befreien einige Händler die Mandarinen von ihren Schalen und schweißen sie in Plastik. Andere verpacken einzelne Erdbeeren wie Pralinen. Die Liebe der Einheimischen für Becher, Döschen, Seidenpapier grenzt an einen Fetisch.

Doch wohin mit alledem? Den Tokyotern bleibt kaum eine Wahl. Sie tragen ihre Abfälle in Handtaschen und Aktenkoffern durch den Tag, um sie daheim zu trennen und schließlich zu entsorgen. Es wäre kein Verbrechen, eine Brottüte auf den Gehsteig fallen zu lassen, aber durchaus ein moralisches Vergehen. In aller Öffentlichkeit zu essen gilt ohnehin als primitiv, und wer einen besonders schlechten Eindruck hinterlassen möchte, der isst auch noch im Gehen. Nur ihre Kippen werfen die Leute arglos auf den Boden, zumindest wenn sie nachts an der Tür eines Izakayas lehnen und glauben, dass niemand es bemerkt. Weder die Götter noch ihre Kinder sind frei von Fehlern.

Während der Fahrt in der Metro hielt sich Katsumi-san plötzlich die flache Hand vor die Stirn. Wüsste ich, wie man auf Japanisch flucht, hätte ich erraten können, was ihr in diesem Augenblick durch den Kopf ging. Allerdings heißt es, die Sprache sei genauso rein wie das Land. Natsumi behauptet zumindest, Japaner würden niemals fluchen. Ich kann also nur beschreiben, wie sich ihre Mutter hadernd von uns verabschiedete und den Waggon an der nächsten

Station verließ. «Sie hat die Geschenke vergessen», sagte Natsumi, und so verwundert sie darüber war, so typisch schien sie es auch zu finden. Nun eilte ihre Mutter tatsächlich noch einmal zurück ins Hotel, um der Familie nicht mit leeren Händen zu begegnen. Sie hatte wohl einen ganzen Koffer voller Päckchen mit nach Japan gebracht.

So blieb ihr Stuhl zunächst leer, als wir uns mit dem zweiten Teil der Tokyoter Verwandtschaft an einer Tafel niederließen, und ausgerechnet Katsumis Nichte, die einzige Junggesellin in unserer Runde, vermisste ein Gegenüber. Ich schätzte sie auf etwa dreißig und war überrascht, als ich erfuhr, dass sie bereits die Fünfzig erreicht hatte.

Katsumis Nichte zeigte sich sehr zugewandt. Was Natsumi ihr auch erzählte, sie kommentierte es mit einem erstaunten «Oh!», einem Nicken und einem wissbegierigen Blick durch ihre runde Brille, der zumeist mich und hin und wieder auch Hage-san, meinen ehrenwerten Schwiegervater, traf, den manche Herrn Glatzkopf nannten. Höchstwahrscheinlich war von unserer Hochzeitsfeier die Rede, doch Natsumi fand kaum die Ruhe, mir etwas zu übersetzen. Vielmehr sah sie sich gezwungen, die Conférencière zu geben, denn das Tischgespräch gestaltete sich nicht nur schwierig. In seinen sprachlichen Fesseln döste es so dahin, als wolle es sich in eine Ecke legen und ein Nickerchen machen.

Zu meiner Linken saß Katsumis Neffe, der mir sympathisch war, weil er sich nicht um Konventionen scherte. Er trug Shorts, und wir hatten zur Begrüßung, unten vor dem Lokal, etwas anglojapanischen Smalltalk versucht, während ich mit den anderen nur Verbeugungen wechseln konnte. «So you speak English?», setzte ich jetzt noch einmal an. «Nohohoho!», rief er, halb lachend, halb ängstlich, und schien dabei mit seinen Handflächen einen imaginären Sportwagen zu polieren. Darauf erhob er sich, um den Platz mit seinem Teeniesohn zu tauschen, der bitte schön sein Schulenglisch an mir üben möge. «Nohohoho!», sagte der und bediente sich desselben Gebärdenspiels. Schon während des Kennenlernens hatte der Junge scheu auf den Asphalt gestarrt, so wie auch seine Schwester, die Teenietochter gegenüber, die noch immer jeglichen Augenkontakt vermied. Ihr Vater indes duckte sich neben seine Ehefrau, die bisher kaum ein Wort von sich gegeben hatte.

Da saß ich nun, ein Statist ohne Text und Regie. In gewissem Sinne war auch das eine sterile Situation. Ich konnte nichts fragen, ich konnte nichts sagen, ich konnte nur wohlerzogen nicken, wenn mich das nächste «Oh!» erreichte. Zwar war ich körperlich anwesend, aber unfähig, irgendetwas von mir zu teilen, eine Geschichte oder zumindest einen Gedanken. Selbst die Gesten, mit denen ich mich zu verständigen versuchte, wirkten auf die anderen fremd. Dazu passte der Gastraum, der eher an ein Labor erinnerte: weißes Linoleum, Glasfront mit Blick auf Bürogebäude, schwarzer Tisch, schwarze Stühle.

Wie wir es fänden, gemeinsam eine Sightseeingtour zu unternehmen, hatte sich einer der Verwandten im Vorfeld erkundigt. Auf einer Busfahrt würden wir uns über Kopfhörer in der jeweiligen Sprache die Sehenswürdigkeiten erklären lassen: den Tokyo Skytree, den Fischmarkt Tsukiji, die Asahi-Brauerei und die goldene Flamme auf ihrem Dach, die eher einer Karotte ähnelt. Die Idee sei zwar praktisch gedacht und gut gemeint, aber wohl eher *mā-mā desu*, durchschnittlich, hatte Katsumi-san vor dem Treffen geflachst. «Wie soll man sich denn da unterhalten?»

Es ist wohl an der Zeit, etwas Licht in die familiären Verhältnisse zu bringen. Katsumi-san, meine Schwiegermutter, ist mit einer Schwester und zwei Brüdern aufgewachsen. Alle drei setzten jeweils eine Tochter und einen Sohn in die Welt, und jeweils eines der Kinder gründete später eine eigene Familie. Bei der ersten Zusammenkunft in Tokyo hatten wir es mit den Angehörigen eines verstorbenen Bruders meiner Schwiegermutter zu tun. Diesmal trafen wir die Kinder und Enkel einer quicklebendigen Schwester. Jener Lieblingstante aus Kōbe, die seit Jahrzehnten unsere Sprache lernte und bisher, wie man sich erzählte, nicht viel mehr als das Wort «Entenfamilie» über die Lippen brachte. Vielleicht war diese Tante besonders schüchtern, dachte ich, vielleicht war sie auch bescheiden. Vielleicht wollte sie erst ein gewisses Level erreicht haben, bevor sie ihre Gäste mit lückenhaften Kenntnissen belästigt.

Was es auch war, es zog sich zweifellos durch die Generationen. «Nun sprich ihn doch mal an!», lachte Hage-san und fixierte den Fünfzehnjährigen an meiner Seite. «Der Junge soll doch an seinem Englisch arbeiten.» Ich weiß bis heute nicht so recht, ob diese Ermutigung ernst gemeint war. Jedenfalls fragte ich den Teenie, was er denn einmal werden wolle, woraufhin er einen Übersetzungscomputer aus seinem Rucksack zog. Er tippte ein wenig darauf herum, packte ihn dann wieder weg und entschied sich, nicht zu antworten.

Als die Schönheit des Sieges mit den Geschenken auftauchte, begann sich die Atmosphäre endlich zu lockern.

Nicht nur wegen der Päckchen, der Tüten und der Schachteln. Katsumi-san besitzt eine Gabe. Es ist ein Erlebnis, zu sehen, wie sie jede noch so kleine Verstimmung aus dem Weg räumt. Dabei zeigt sich die Samurai, die in ihr wohnt. Eine peinliche Situation? Zack! Katsumi-san fegt sie mit einem Spruch beiseite. Ein Missverständnis? Peng! Katsumi-san zerfetzt es mit einem Scherz.

«Ist das Gras?», kommentierte sie die Algen, die nun gereicht wurden. Dazu gab es frittierten Fisch, gebratenen Reis, Muscheln und in längliche Fäden geschnittene Quallen. Ein Lebewesen, das sich durchaus als schmackhaft erwies, wenn ich es auch bisher nur mit Schaufeln erschlagen und im Sand verbuddelt hatte. Die Speisen servierte der Leiter des Lokals persönlich, ein Schlaks mit zurückgekämmtem, öligem Haar. Gang für Gang schleppte er sich die Treppe hinauf in den zweiten Stock, den wir für uns allein hatten, während sich das Matrosenshirt über seine Bauchkugel spannte. Wer weiß, ob er sich absichtlich so verhielt oder ob der Mann einfach so war, wie er war. Er stapfte in einer Lautstärke auf jede Stufe, als wolle er wie ein trotziges Kind protestieren. Anschließend knallte er die Teller nur so auf den Tisch.

Es war ein eher untypisches China-Restaurant, zumindest aus westlicher Sicht. Keine roten Tapeten, keine goldenen Drachen, keine Aquarien, keine Pagodendächer über der Theke. Der Laden verzichtete auf jeglichen Kitsch, und das war eigentlich ein gutes Zeichen, je größer die Lampions, desto mieser die Pekingente. Der Chef hatte sich ganz auf den japanischen Purismus eingestellt, nur an die Mäßigung in diesem Land konnte oder wollte er sich nicht gewöhnen. «Es tut mir leid», sagte der Neffe, der in diesem Lokal eigens probegegessen hatte und jetzt Gefahr lief, sein Gesicht zu verlieren, «Japaner würden sich niemals so verhalten.» Dass wir mit dem anderen Teil der Familie ein Sternelokal besucht hatten, wie er jetzt erfuhr, machte es nicht besser. «Und wir bringen euch hierher», seufzte er.

Die Causa anzusprechen war ein geschicktes Manöver, denn damit wich die kollektive Scham dem schwarzen Humor. Mag sein, dass es einen gemeinsamen Feind brauchte, um die Moral zu stärken. Jeder Auftritt des Hausherrn löste nun Frohsinn aus, was sogar er selbst mit einem angedeuteten Lächeln quittierte. Der Teeniesohn fühlte sich plötzlich ermutigt, die Frage nach seinem Traumberuf doch noch zu beantworten. Ein weiteres Mal holte er den Übersetzungscomputer aus dem Rucksack und tippte darauf herum. Dann sah er zu mir auf, als folge er einer Eingebung, spannte seinen Bizeps und schenkte mir die Vokabeln «long jump» und «six meters». Voilà: Wir hatten es mit einem angehenden Profisportler zu tun. Damit er an Muskelmasse zulegen konnte, schob ich ihm jene Quallen-, Reis- und Algenteller zu, die keinen Abnehmer mehr fanden – nicht weil uns das Essen nicht zugesagt hätte, sondern weil sich die Portionen als allzu großzügig erwiesen hatten. Der Junge fühlte sich herausgefordert. Besser sterben, als in Schande zu leben, dachte er wohl. Mein halbstarker Tischnachbar begann, alles in sich hineinzudrücken, was übrig geblieben war, bis er sich den Bauch hielt und ihm die Mutter sagen musste, dass es jetzt gut sei.

Als Katsumi-san, die Schönheit des Sieges, bemerkte, wie ihr Neffe die Kasse ansteuerte, überholte sie ihn noch auf der Treppe, und der folgende Disput war bis in den zweiten Stock zu hören. Das Bezahlen der Rechnung ist ein Privileg, das dem Ranghöchsten gebührt, meist also dem Ältesten. Kommt in der Gesellschaft mehr als ein Kandidat dafür in Frage – etwa der, der am ältesten ist, und der, der das Lokal ausgesucht hat –, so streitet man sich in Natsumis Familie gewöhnlich, bis sich Katsumi-san letztendlich durchsetzt. Natürlich ist es ein Scheingefecht. Niemand kommt dabei zu Schaden, niemand wird bloßgestellt. Wichtig ist allein, dass Tanten, Cousins und Kinder vernehmen, wie sehr man sich um den Ausgleich der Kosten bemüht hat. In Zeiten der Samurai galt Geld als unrein, und bis heute hat es etwas Verruchtes. Obdachlose betteln nicht, Kellner und Taxifahrer verlangen kein Trinkgeld, und bietet man ihnen dennoch etwas an, beleidigt man sie nur.

Ein frisch getrautes Hochzeitspaar aber freut sich über jede klingende Münze, da ist Japan keine Ausnahme. So überreichten uns die Verwandten ein Shūgi-bukuro, einen reich mit Schriftzeichen und Schleifchen verzierten Umschlag, der sich redlich Mühe gab, seinen schlichten Inhalt zu verschleiern. Wie zu erwarten, verbargen sich viel zu viele Scheine darin, doch die Etikette kennt auch für dieses Problem eine Lösung: Bei Gelegenheit gibt man dem Wohltäter die Hälfte des Betrags zurück, als Gastgeschenk oder spätestens wenn die nächste Vermählung ins Haus steht. Auf diese Weise verbleibt das Geld in der Familie.

Ob uns die morgendliche Waschorgie dazu angeregt hatte, in den Abendstunden etwas Schmutziges zu tun? Was hätte Katsumi-san von mir gehalten, hätte sie gewusst, was ich mit ihrer Tochter im Schilde führte? Mit der japanischen Reinlichkeit war es jedenfalls nicht zu vereinbaren.

Seit einigen Jahren ist ein Gerücht im Umlauf, das ganz Japan in Verruf gebracht hat. Ein moderner Mythos, eine Großstadtlegende, und gleich der erste Mensch, dem wir in den Flitterwochen begegnet waren, hatte uns damit konfrontiert.

«Ohayō, Ohayō!», hatte der Taxifahrer auf dem Weg zum Hamburger Flughafen getönt, als ich ihm verriet, wohin die Reise ging. «Wissen Sie, was das heißt?»

Natsumi nickte stumm und sah aus dem Fenster. Es war morgens um vier.

«Es heißt: ‹Moin!›» Der Mann ließ sich nicht beirren. «Schön'n guten Morgen! So einfach ist das. Wenn ich japanische Geschäftsleute fahre und die so begrüße, freuen die sich 'n Arsch ab! Manchmal geben die dann sogar Trinkgeld. Wussten Sie, dass die da drüben nie Trinkgeld geben?»

«Ja», sagte Natsumi.

«Können Sie Japanisch?»

«Ja», sagte Natsumi.

«Also, ich weiß ja nur zwei Dinge über dieses Land: Mit den Toiletten kannste in'n Weltraum fliegen, und wenn du's nötig hast, kannste dir 'n gebrauchten Damenschlübbi aus'm Automaten ziehen!»

Natsumi sagte darauf nichts mehr.

Da waren sie wieder, die geheimnisumwitterten Höschen aus dem fernen, verrückten Osten. Es scheint, als hätte jeder schon einmal davon gehört, aber seien wir ehrlich: Wer hat sie je gesehen? Wer hat einige hundert Yen investiert, eine Taste gedrückt und daraufhin einen weich gepolsterten Frischebeutel in der Hand gewendet? Wer hat ihn in einem heimlichen Moment geöffnet und die Nasenspitze hineingesteckt, nur für eine einzige, lüsterne Sekunde? Die Geschichte kursiert in einhundert Varianten. Japanische Schulmädchen, heißt es, verkaufen ihre ungewaschenen Panties, Strings und Tangas an einen Erotikhandel. Der verschweißt die kostbaren Stücke dann, Slip um Slip, und füttert damit seine Automaten, die in irgendeiner zwielichtigen Ecke auf den geifernden, älteren Herrn im Trenchcoat warten. Genau so klingen die klassischen Sensationsberichte aus dem Märchenreich des Immermehrismus: «Immer mehr» japanische Männer erregen sich mit «immer perverseren» Mitteln, und «unzählige» junge Tokyoterinnen bessern ihr Taschengeld auf. «Warum eigentlich immer Japaner?», fragte sich Natsumi, Inder oder Russen würden doch auch Sexspielzeug kaufen, oder nicht? Aber natürlich bereitet es besonders viel Freude, nach Extremen in einem Land zu suchen, das sich sonst so sittsam gibt.

Das Reizvolle an Verschwörungstheorien ist, dass man sie nicht belegen muss: Könnte es sein, dass die Mondlandung inszeniert war? Was, wenn es sich bei den Kondensstreifen am Himmel um ein Nervengift handelt? Ist Hitler in einem U-Boot nach Argentinien geflüchtet, liegt Jesus von Nazareth in Japan begraben, und möchte uns der Autor mit alledem sagen, dass es die Schlüpferautomaten nie gegeben hat?

Die wenigen halbwegs seriösen Berichte über dieses Phänomen verweisen sämtlich auf das Jahr 1993. Damals sollen windige Kaufleute tatsächlich versucht haben, mit getragenen Mädchenunterhosen reich zu werden, und wie zu lesen ist, lösten sie damit einen öffentlichen Aufschrei aus. Die Maschinen seien umgehend entfernt und ihre Betreiber verhaftet worden. Angeblich drehte ihnen die Justiz einen Strick daraus, dass sie keine Gebrauchtwarenlizenz besaßen, wie sie ein Antiquitätenhändler benötigt. Aber noch während ich diese Zeilen schreibe, ahne ich, was geschehen wird, sobald sie jemand liest. «Die Dinger gibt es immer noch», werden Nipponfreunde rufen, «fahrt doch nach Akihabara!»

Dort ließen wir die Recherche beginnen. Das Tokyoter Stadtviertel Akihabara sei der Mittelpunkt des japanischen Elektronikhandels, versprechen Reiseführer. In seinen Läden bekomme man schlichtweg alles, was ein künstliches Herz hat, von der Geräuschprinzessin bis zum Staubsaugerroboter. Blogger sehen in Akihabara das Epizentrum der japanischen Nerdszene. Es sei der Sehnsuchtsort der Otaku, der Anime- und Mangasüchtigen, und ihrer Pixelwelt der Videogames. Doch es gibt noch einen weiteren Grund, der Akihabara zu einer Attraktion macht und gegenüber Touristen gerne verschwiegen wird: Wie es schien, handelte jeder Dritte mit Pornographie.

Es fiel mir schwer, zwischen den Shops zu unterscheiden. Wer hatte Bügeleisen im Angebot, wer führte Spielkonsolen, und wer wollte Masturbationshilfen an den Mann bringen? Auf mich wirkten die meisten Geschäfte gleich, weil es etwas gab, das ganz Akihabara vereinte: die Automaten. Sie waren überall. Auf jedem Gehsteig, in jedem Ladeneingang und vor jedem Schaufenster. In Akihabara lässt sich live erleben, was es bedeutet, wenn auf zwanzig Einwohner ein Automat kommt. So wenig Mülleimer es in Japan gibt, so viele Münzmaschinen stehen herum, mehr als fünf Millionen sollen es sein, und stellt man sich all den Abfall vor, den diese Geräte verursachen, erscheint es umso bemerkenswerter, wie sauber dieses Land ist.

Sogar auf dem Gipfel des Fuji-san leuchtet ein Automat, der Wasser, Eistee und Coca-Cola kühlt. Manche der Apparate sind inzwischen in der Lage, das menschliche Gesicht zu scannen, daraus auf Geschlecht und Alter zu schließen und eine Getränkeempfehlung abzugeben. Blumensträuße, Regenschirme, Krawatten, Eier, Horoskope, all das offerieren diese japanischen Wunderkästen.

In den Kaufhäusern von Akihabara fanden sich kleinere Versionen, hauptsächlich Kapselmaschinen im Kaugummistil, wie ich sie aus meiner Kindheit kannte. Man schiebt fünfhundert Yen in einen Schacht, dreht und dreht und dreht, bis schließlich eine hohle Kugel fällt, die einen Schlüsselanhänger, eine Figur oder einen Stempel zum Vorschein bringt. Während sich Natsumi über die Vorzüge moderner Reiskocher beraten ließ, in einer Filiale von Yodobashi Camera, die ihre Kunden mit einer Dauerschleife des Firmensongs quälte – «Yo-do-ba-shi Caaa-meee-raaa!» –, folgte ich einer kleinen Gruppe Gaijin. Die vier Amerikaner, vielleicht waren es auch Australier, schlichen in den Erwachsenenbereich eines Geschäfts, das über Hunderte und Aberhunderte Automaten verfügte. Offensichtlich hatte sie derselbe Mythos in diesen Otaku-Tempel geführt. So filmten sie gleich aus mehreren Perspektiven, wie einer von ihnen eine Kapsel öffnete und mit spitzen Fingern etwas herauszog. Bald wirkten sie enttäuscht, denn das Etwas schien nur nach der Textilfabrik zu riechen, aus der es stammte. Es war Ersatzunterwäsche.

Ein ungetragener Slip, der wohl praktischen Nutzen haben sollte.

Eine weitere Spur führte in ein Gebäude, das zwei Metrostationen entfernt lag. Es war ein schmuckloses, rauchverglastes Bürohaus an einem Bahnhofsvorplatz. Ein Ort, an dem man Schreibmaschinen, Lochkarten und Faxgeräte vermuten würde. Doch eine anonyme Stimme aus den Tiefen des Internets schwor, dass das, wonach wir suchten, hier zu erwerben sei – auf der zweiten Etage. Ich wollte noch immer nicht so recht an die Sage von den Secondhand-Höschen glauben, aber dieser Bau gab sich so unverdächtig, dass es schon wieder verdächtig wirkte.

Lederslipper quietschen über die Gänge, Aktentaschen pendelten hin und her, gedämpfte Stimmen drangen aus den Ladenzeilen im Inneren. Fahles Achtziger-Jahre-Licht spiegelte sich im Linoleumboden und fiel auf den falschen Marmor in den Fahrstuhlbereichen. Ein Schuhgeschäft folgte auf eine Bierbar, eine Apotheke auf eine Lotterie, ein Uhrenhändler auf einen Schneider, ein Nudellokal auf «Street Fighter» und «Space Invaders» in einer nostalgisch verblassten, von Zigarettenautomaten flankierten Spielhölle. Der Weg durch das erste Stockwerk war eine Reise in die Vergangenheit. Er führte zurück in die Jahre der japanischen Bubble Economy, als der boomende Aktien- und Immobilienmarkt eine Ära der Dekadenz eingeleitet hatte, bevor die Blase platzte.

Auf der zweiten Ebene, die wir über eine Rolltreppe erreichten, verhallten die Stimmen. Wo einmal Läden gewesen sein mussten, hingen Gitter und Jalousien, und wenn doch jemand über die leer gefegten Korridore lief, so nur mit flüsternden Schritten. Auf einem der Flure lugte ein

Anzugträger hinter einer lavendelfarbenen Streifengardine hervor, und als er uns bemerkte, huschte er davon. Er war aus einem Massagesalon geeilt, von denen es hier mehrere gab. Vor den Eingängen saßen Matronen, die nach Rosenöl rochen und Stretchkleider trugen. Hier und dort blitzte ein Strapsband darunter auf. Mit Worten und Gesten versuchten die Frauen, uns in ihr Stübchen zu locken, ganz ungeniert, als wären alle Regeln des japanischen Anstands hier außer Kraft gesetzt. Die wenigen Münzmaschinen wirkten dagegen enttäuschend brav. Waren die schlüpfrigen Automaten entfernt worden? Hatte sich die anonyme Stimme einen Spaß erlaubt? Oder war ihr ein Fehler unterlaufen?

Japaner kennen kein Erdgeschoss. Jedes Gebäude beginnt mit dem ersten Stockwerk und endet, wo den Architekten das Geld oder der Mut verlassen hat. Wenn unser Informant ein Europäer war, so konnte es sein, dass er nicht die zweite, sondern die dritte Etage meinte. Dort verabschiedeten wir uns endgültig aus unserer Zeit. Über die gesamte Ebene zogen sich holzvertäfelte Shōgi-Clubs, in denen paffende, grauhaarige Männer über der japanischen Variante des Schachspiels brüteten und klackend ihre Spielsteine legten. Dazu gesellte sich ein Akupunkteur, der offenbar auch aus der Hand las. Es war surreal. Gab es eine Nachfrage, die dieses Angebot erzeugt hatte? Wer betrog seine Ehefrau nach Feierabend im zweiten Stock, ließ sich daraufhin die Zukunft im dritten voraussagen, um den beschwerlichen Arbeitstag bei einer Partie «Donkey Kong» im ersten ausklingen zu lassen? Profilern wäre es eine Freude gewesen, aus diesem Sammelsurium das Psychogramm eines mittleren Angestellten zu fertigen.

Die vierte Etage erwies sich als leer, bis auf eine Vitrine, die so reichlich mit Modelleisenbahnen, Schaffnerkellen und verlorenen Kindheitsträumen gefüllt war, dass ihre Einlegeböden unter all der Last nachgegeben hatten. Darüber begannen die Büroebenen, und sogar diese klapperten wir ab – gewissenhaft, aber glücklos.

Natsumi entwickelte einen bemerkenswerten Ehrgeiz bei der Suche. Wollte sie mir beweisen, dass wir eine Chimäre jagten? Sie sah darin womöglich eine Chance, die Weste dieses Landes weißzuwaschen. So kehrten wir noch einmal in den ominösen zweiten Stock zurück, dorthin, wo wir so hastig an den Massageladys vorbeigezogen waren. Wie sich zeigte, gab es etwas, das wir zwischen den Salons übersehen hatten: eine klitzekleine Erotikboutique, voller Accessoires für die gelungene After-Work-Party mit der Vorzimmerdame. Ich ging hinein, während Natsumi, die Schönheit des Sommers, vor der Tür wartete – mit einer Miene, die gleichzeitig von Neugier und Ekel erzählte.

«Suchen wir das hier?» Als ich zurückkehrte, hielt ich ein verschweißtes Stück Stoff in Händen. Es war zwar nicht aus einem Automaten, aber ganz frisch sah es auch nicht mehr aus, so verknittert und ausgefranst, wie es war. Das durchsichtige Beutelchen, was immer es konservierte, trug die Aufschrift «kakou». Ein kleines Adjektiv, das so viel sagte, über Reines und Unreines, über Japan und den Westen und über die tausend Facetten der japanischen Sprache. Man könnte es mit «gebraucht» übersetzen und selbstzufrieden eine ganze Kultur für pervers erklären. Doch es bedeutete etwas anderes. Der Slip war nie benutzt worden. Er sollte nur so aussehen, als hätte ihn jemand getragen, wie eine brandneue Jeans mit Löchern in den Knien. Alles, was ihn beschmutzte, waren die Gedanken, die um ihn kreisten.

DER MARTINI UNTER DEN METROPOLEN

KYOTO

Sie tat, was sie konnte. Sie saß direkt an der Scheibe, sie war wachsam, so gut es ging in all der Frühe, sie hielt meine Spiegelreflex im Anschlag und wandte den Blick durch den Sucher nicht ab. Die Bühne war bereitet, das Theater voll besetzt, und das Publikum wartete auf den großen Auftritt. «Theoretisch müsste man ihn jetzt sehen», sagte Natsumi, das Objektiv auf den Horizont gerichtet, während der Shinkansen fuhr, «aber ehrlich gesagt sieht man ihn nie.» So sollte es auch diesmal kommen. Der Vorhang blieb geschlossen, denn stets versperrte etwas die Sicht, eine Wolke oder eine Stadt.

Das Problem mit dem Fuji-san ist, dass er um seine Wirkung weiß, also macht er sich rar. Nur auf jeder fünften Fahrt gebe sich der Vulkan die Ehre, berichten Reisende, die häufiger auf der Strecke zwischen Tokyo und Kyoto unterwegs sind. Der Schicksalsberg der Japaner ist eine Diva. Er lockt mit Bildern aus dem Katalog der Träume: ein Blütenmeer im Vordergrund, die Tropfkante eines Pagodendachs am Rand, dahinter die symmetrische Kuppe im goldenen Schnitt. Ihre Eltern seien einmal dort gewesen, sagte Natsumi, in einem Städtchen in den Höhen, das für sein Quellwasser, seine Blumen und sein einzigartiges Panorama bekannt sei. «Aber alles, was sie danach zu erzählen hatten, war: Nichts gesehen.»

So konnten wir darauf verzichten, eine Nacht an einem der Fuji goko, den fünf Gebirgsseen, zu verbringen. Hinaufklettern wollte Natsumi um keinen Preis der Welt. Wir hätten die Pilgerreise noch in der Dunkelheit begonnen, wie es so viele in der Sommersaison taten, um dann vom Gipfel aus die Morgendämmerung zu erleben. Wer niemals auf den Fuji steigt, der ist ein Dummkopf, sagt eine Redensart. Wer aber zweimal auf den Fuji steigt, fährt die Redensart fort, der ist ebenfalls ein Dummkopf. Viele Stunden dauert das Auf und Ab über Felsen, Staub und Lavageröll, im Zickzack durch Wind, Frost und Menschengewühl. Mit dreihunderttausend Besuchern im Jahr gibt es keinen überlaufeneren Berg als diesen. Einige sollen jedoch von der Wallfahrt derart überwältigt sein, dass sie im Sonnenaufgang leise weinen. Die japanische Sprache kennt ein geflügeltes Wort, das dieses jähe, bittersüße Empfinden beschreibt, wenn sich Euphorie und sanfte Traurigkeit umarmen: *mono no aware*. Dinge, die das Herz zerreißen. Angesichts vollendeter Schönheit wird der Mensch seiner eigenen Vergänglichkeit gewahr.

Uns hätte wohl eher das Wetter die Tränen in die Augen getrieben. Ein Regenband zog sich über den halben Kontinent und verhüllte den Vulkan von seiner Spitze bis hinunter zu den Wäldern ringsum. Am Fuße des Fuji-san breitet sich ein Dickicht aus, so urwüchsig, dass man es Aokigahara nennt, Meer aus Bäumen. Es scheint eine märchenhafte, aber heimtückische Gegend zu sein. Unter den

Wurzeln, die den Waldboden bedecken, sollen sich Erdhöhlen verbergen, und das dicht gewachsene Blätterwerk in den Kronen schenkt nur wenig Licht. Es heißt, Aokigahara sei von einem Magnetfeld durchzogen, das jeden Kompass verwirre und so manches Handy störe. Doch das Unterholz ist kein Ort, an dem ein Mensch zufällig verloren geht. In schauriger Regelmäßigkeit ziehen sich Lebensmüde dorthin zurück, um durch die eigene Hand zu sterben, inspiriert von einem Liebesroman aus den sechziger Jahren und einem Horrorfilm der Moderne. In jüngster Vergangenheit waren dort zweihundertsiebenundvierzig Suizidversuche registriert worden, innerhalb eines Kalenderjahres. So unerträglich viele, dass die Behörden keine Zahlen mehr veröffentlichten.

Es gibt romantischere Ziele für einen Honeymoon. Wir ließen den Fuji-san endgültig hinter uns, ohne zu ahnen, dass wir bald darauf unserem eigenen Schicksalsberg begegnen würden.

Der dritte Akt der Familiensaga sollte in Kyoto spielen. Hier fährt man Porsche Cayenne. Hier stellt man ihn quer über mehrere Parkplätze ab. Warum? Weil man es kann. Die Stadt der Kaiser ist posh, sie wirkt wie der Martini unter den Metropolen, und so wagte es keine Wolke an diesem Nachmittag, ihre Grandezza in Schatten zu tauchen. Die Limousinen schweben, die Männer tänzeln, die Frauen tippeln – so lange zumindest, bis sich die Wege plötzlich verengen. Dann wird Granit zu Holz, aus heute wird gestern, Rikschas und Bambushüte gesellen sich hinzu, und aus all dem Schweben wird ein Stocken, ein Rangieren, ein beschwerliches Aneinandervorbeischieben mit dem Reifen auf dem kippelnden Kantstein. Kyoto ist alt, Kyoto ist neu, und das Geschäftsviertel vereint beides. Zwischen den Banken und den gläsernen Malls in den Boulevards roch es nach Rasierwasser und Kaffee, in den Seitenstraßen nach Abenteuer.

Mit seinen schmalen, leicht nach außen geschwungenen Dachtraufen hatte sich das Hotel an die Hunderte Jahre alten Stadthäuser in der Gasse angepasst. Lamellen aus geölten Hinokihölzern verblendeten die Fassade, und ein wehendes Noren verhüllte das Entree. Bückten wir uns hinein, fuhr eine automatische Tür beiseite, und wir betraten eine Kammer, die nichts weiter enthielt als eine zweite Tür im Halbdunkel. Dahinter spiegelten sich sieben schwarz kostümierte Rezeptionistinnen mit schwarzen Haarzöpfen in einem meterlangen, futuristischen Lacktisch. Er war ebenfalls graphitschwarz und schimmerte im indirekten Licht wie ein Opal. Wem es gelang, die sieben Wächterinnen zu überwinden, dem öffnete sich ein weiterer Durchgang. Die Wand teilte sich in zwei Flügel, um schnurrend den Weg in die Fahrstühle freizugeben. Dunkel mäandernde Gänge führten zu den Zimmern.

In unserem herrschte Nacht. Nicht weil der Raum fensterlos gewesen wäre, sondern weil sein Fenster direkt auf die Kehrseite eines Nachbarhauses blickte. So hatte man es kurzerhand versiegelt, verblendet und mit einem Schiebeelement aus Papier versehen, das von innen beleuchtet wurde wie ein Windlicht. Mit bloßem Auge ließ sich nicht erkennen, ob es draußen hell oder finster war, doch jetzt, zur Regenzeit, gaben die Ohren dann und wann einen Hinweis: Kyoto ist ein tropischer Ort. Er wird von Bergen umsäumt und schmort in einem Tal, das nur in eine Himmelsrichtung geöffnet ist, wie ein Kamin. Tagsüber staut sich die Schwüle, und wenn der Abend kommt, dann pocht sie Tropfen für Tropfen an die Scheibe.

Die Dunkelheit brachte die Lichter der Gasse zum Glimmen, und der warme Regen verteilte sie wie Sternenstaub über allen Vierteln der Stadt. Wenn die Kerzen in den Laternen brannten, wenn die Köche im Wasserdampf schwitzten, wenn das Nō-Theater probte und die Luft mit Trommeln und Flötenmusik erfüllte, war ich froh um jede Nacht, die uns das Leben in Kyoto schenkte. Die Tropfen klopften, die Hitze löste sich, und die Welt breitete ihre Arme aus.

«Willst du jeden Abend um die Häuser ziehen?», fragte Natsumi und schielte in Gedanken wohl auf den kleinen himbeerfarbenen Notizblock, den sie in ihrer Handtasche verwahrte. Sie hatte ihn gleich am ersten Tag der Reise in einem Hundert-Yen-Shop gekauft, wo sie alles ergatterte, was sie für nützlich hielt. Natsumi konnte Stunden in diesen Alles-was-du-brauchst-Läden verbringen, die sich häufig über mehrere Stockwerke erstreckten und stets mit einem überwältigenden Sortiment aufwarteten. Von Matcha-Schokolade bis hin zu Reisschälchen, von Söckchen für die Stuhlbeine bis hin zu Handschuhen für den Türknauf, von Fingerhüten, die das Blättern in Büchern erleichtern sollten, bis hin zu Mundstücken aus Silikon, die Frauen zwischen die Lippen spannten, um ihre Gesichtsmuskeln zu kräftigen und Fältchen zu glätten – all das bedruckt, bestickt und beklebt mit entzückenden Kätzchen, bunten Sushirollen und hinreißenden Pandababys. So gnadenlos *kawaii* wie vieles in diesem Land, denn warum sollte das Niedliche auch mit der Kindheit verschwinden.

Einmal kehrte Natsumi mit Stäbchensets zurück, eines für sie in Pink und eines für mich in Türkis, mit einem Frosch auf dem Deckel. «Perfekt für Reisen!», freute sie sich. Sie besorgte eine jadegrüne Hygienebox für meine Zahnbürste, ein Wäschekarussell, um daran Strümpfe aufzuhängen, eine Minztinktur für das Toilettenwasser, die Gerüche übertüncht, sogar eine Verpackung, um eine Kleenex-Packung ein zweites Mal zu verpacken, und ebendiesen Schreibblock, der doch so harmlos wirkte, mit den Pünktchen auf dem Deckblatt und dem Kätzchenkuli in den Spiralen.

Abend für Abend öffnete Natsumi das Büchlein, um die Ausgaben des Tages zu überschlagen. Quittung für Quittung, Beleg für Beleg, Bon für Bon wanderten in ihre Kalkulation, und nahm sie einen ungünstigen Verlauf, so teilte mir Natsumi danach mit, dass wir am nächsten Morgen lieber mit dem Bus fahren sollten, statt ein Taxi zu nehmen. Es war reizend, wie sehr sie sich kümmerte. Natsumi schien zu wissen, was mir fehlte, noch bevor ich es selbst bemerkte, so war es schon immer. Doch je mehr sich ihr Notizblock füllte, desto schwerer lastete er auch auf meinem Gewissen. In mancher Hinsicht waren wir so verschieden, dass es schmerzte. Was hatte mich das Geld gekümmert, wenn ich allein gereist war, und warum sollte ich jetzt das Geizen beginnen, auf einer Reise der Liebe? «Weil du ein armer Schriftsteller bist, der keine Rente bekommt», sagte Natsumi, und so recht sie wohl hatte, sich um meinen Lebensabend zu sorgen, so sprachlos machte sie mich auch.

Unser Kompromiss führte an den Lichtern der Gasse vorbei bis in die Warenhäuser in den Chausseen, die verrieten, was das japanische Sprichwort «Lieder Knödel als Blumen» besagt. In ihren Kellergeschossen herrschte der Überfluss. Sinnlich, weil es zugleich nach Fisch und nach Früchten, nach Honigsüßem und nach Herzhaftem roch. Akustisch, weil sich Melodien, Händlerrufe und das Klingeln der Kassen vermischten. Trotz allen Trubels schienen es auch Orte der Einsamkeit zu sein. Krawattenträger und Damen im Kostüm wandelten solo zwischen den Ständen, den Einkaufskorb im Griff, die Sehnsucht im Blick. In einer stillen Ecke, die im Ruch des Verbotenen stand, drückte sich ein einziger Junggeselle vor den Zeitschriften herum und blätterte genauso schamhaft wie beflissen in einem erotischen Comic. «Lieber Gefräßigkeit als Geilheit», sagt eine zweite Weisheit.

Jeder präzise Schnitt durch ein Thunfischfilet, jedes gefaltete Stückchen Seetang, jeder lachsorange schillernde Rogen, drapiert auf einem Reisbett, erzählte vom ewigen Streben und Scheitern des Menschen. Ging es auch nur um Häppchen zum Mitnehmen, so versuchten die Angestellten doch, der Perfektion so nahe wie möglich zu kommen. Ein Blick auf die filigranen, mit großem Geschick arrangierten Bentos genügte, um die Grundprinzipien japanischer Ästhetik zu studieren: Harmonie, Schlichtheit und Unbeständigkeit des Seins.

Letztere machte sich von Stunde zu Stunde deutlicher bemerkbar. Je näher der Ladenschluss rückte, desto schneller rotierte der Verkäufer mit der Etikettiermaschine über den unterirdischen Marktplatz. In immer knapperen Abständen versah er die verderblichen Speisen mit einem günstigeren Preis, und hatten sie ein Niveau erreicht, das Natsumi vernünftig erschien, griff sie zu, bevor es ein anderer tat. Wie es aussah, war dieser Sport unter den Großstädtern beliebt. «Kein Singlemann würde anders überleben», lächelte Natsumi.

Wir erwärmten die Beute in einer der Mikrowellen auf den Hotelfluren, um sie schließlich auf dem Zimmer zu verzehren – Natsumi mit pinken, ich selbst mit grünen Stäbchen, die mit Fröschen bedruckt waren. Die Reste verpackte Natsumi in Gefrierbeuteln, die sie wiederum in der Minibar verstaute, hinter dem Suntory Whisky, der ungeöffnet blieb. Unsere Japanreise war ein Abenteuer in Tütchen und Tupperdosen.

Mit dem Tagesanbruch wechselten die Rollen. Lady Sunshine zog es in Tempel und Paläste, Mister Moon zog sich die Decke über den Kopf. Immerhin konnte ich Natsumi ein Tageslimit setzen: achtzehntausend. Unter keinen Umständen würde ich in der Tropenhitze von Kyoto mehr als achtzehntausend Schritte laufen, was bei meiner Beinlänge etwa zwölf Kilometern entsprach. Katsumi-san, meine Schwiegermutter, hatte mir vor der Reise einen kleinen blauen Schrittzähler geschenkt. Ich möge darauf achten, mich genug zu bewegen. «Mindestens zehntausend!», sagte sie, damit sich ihre Tochter noch viele Jahre an einem gesunden Ehemann erfreuen könne. Mit gutem Willen hätte ich mich auch auf zwanzigtausend eingelassen, aber ab dreißigtausend streikte der Rücken, das hatten unsere Streifzüge gezeigt. Meine Wirbelsäule erlebte ein neues, schmerzhaftes Phänomen, und erstmals war es ausgerechnet bei unserer Trauung aufgetreten. Eine Szene, die jeder Regisseur aus dem Drehbuch gestrichen hätte, mit dem Hinweis, sie tauge nicht einmal fürs Popcornkino. «Bitte erheben Sie sich», sagte die Standesbeamtin, so freundlich wie möglich, so feierlich wie nötig, und als ich tat, wie mir geheißen, biss sich etwas oberhalb der Hüfte fest. Vielleicht hatte sich in all der Aufregung ein Muskel verspannt oder ein Wirbel verdreht. Statt Natsumis Hand zu halten, hielt ich mir jedenfalls das Kreuz und plumpste ruckartig zurück in den Stuhl. Sollte jemand unter den Gästen drauf und dran gewesen sein, vor Rührung zu weinen, spätestens mit meinem trockenen, mäßig unterdrückten «Ah!» waren die Freudentränen perdu. «Es wird wirklich Zeit, Sie unter die Haube zu bringen», fuhr die Dame fort, und wenn diese Anekdote eines sagen sollte, dann wohl, dass sich mehr veränderte als nur mein Beziehungsstatus.

Achtzehntausend Schritte wollen in einer Stadt wie Kyoto wohlüberlegt sein. «Nutze sie weise», riet ich Natsumi und sah, wie es in ihr arbeitete, während sie sich mit dem Kätzchenkuli über einen Faltplan beugte und ein Weltwunder nach dem anderen umrandete – Kiyomizu-dera, den Tempel des reinen Wassers, Sanjūsangen-dō, die Halle der dreiunddreißig Nischen. Kyoto war die Residenz der japanischen Kaiser, eintausend Jahre lang, bevor der Chrysanthementhron nach Tokyo wechselte, und diese Zeit hat ihre Schätze hinterlassen. Die Stadt zählt so viele nationale Heiligtümer, dass ich den Überblick verlor und mich auf Natsumis Gespür verließ. Wir befanden uns an einem seligen Ort. Er hat Brände und Bürgerkriege erlebt, Erdbeben und Taifune dagegen scheinen ihm respektvoll auszuweichen.

Eines Tages jedoch wäre er beinahe von der Landkarte gewischt worden. Im Kessel von Kyoto würde die Atombombe besonders große Schäden anrichten, vermuteten

US-Generäle. So setzten sie die Stadt an die Spitze einer zynischen Liste, und wer weiß, was Natsumi siebzig Jahre später noch hätte umranden können, wäre nicht der amerikanische Kriegsminister persönlich eingeschritten. Henry L. Stimson hatte Kyoto einmal besucht und niemals vergessen. Wie hätte er auch? Allein der berühmte Goldene Pavillon: Die Kamera liebt die kleine Reliquienhalle, die sich im Teich eines Tempelgartens spiegelt. Egal, aus welchem Winkel man ihre goldbesetzten Balkone fotografiert, gleich, welche Blende man für ihr Ebenbild im Wasser wählt, das Bild ist so oder so perfekt.

Natsumi zog bedenklich viele Kreise. Einen malte sie in Gedanken, denn das, was er markierte, ragte weit aus der Karte hinaus. «Fahren ist nicht gehen, oder?», sagte sie und weihte mich in ihre Pläne ein: zwei Tage, neun Kreise. Sechs am ersten Tag, drei am nächsten Morgen. Anschließend würden wir in die Bahn steigen und mehrere Stunden gen Norden reisen, um Amanohashidate zu sehen, die grüne Brücke zum Himmel. Sie schien unter den drei schönsten Landschaften die lustigste zu sein. Natsumi hatte mir das Foto einer japanischen Familie gezeigt, die dort auf einem Hügel versammelt war. Mutter, Vater und Kind balancierten zu dritt auf einem Podest, mit dem Rücken zur Bucht. Dabei beugten sie sich vornüber, so weit es ging, und versuchten, durch ihre gespreizten Beine zurück auf eine kiefernbewachsene Sandbank zu blicken. Das Kind schaffte es sogar, den Kopf zwischen die Füße zu legen. Aus diesem Winkel betrachtet, soll die Sandbank, je nach Lichtstimmung, zwischen Himmel und Erde zu schweben beginnen. Die Welt der Götter verbinde sich mit den Menschen.

Wer auf einen der Berge steigt, die Kyoto umgeben, und hinunter auf die Stadt sieht, der wird sich vielleicht fragen, warum es hier keine Wolkenkratzer gibt. Die Höhen der Häuser sind reglementiert. Wie sich ein Shintō-Schrein in seine Landschaft fügt, soll auch die Kaiserstadt in ihrem Tal wachsen. Doch wie ist das mit den fünfzig Millionen Besuchern zu vereinbaren, die jede Saison nach Kyoto strömen? Die Stadt sah sich gezwungen, ihre eigenen Gesetze zu brechen. Um den Ansturm zu bewältigen, hatte sie nicht nur einen neuen Bahnhof errichtet. Es war ein Sternenzerstörer, der sich über die historische Silhouette legte und neben einem Hotel und einem Theater auch ein Kaufhaus beherbergte.

Welche Menschenmengen er bewegte, ließ sich an jedem der Plätze beobachten, die Natsumi eingekreist hatte. Nicht rauchen, nichts essen, nichts wegwerfen, nicht auf die Zäune der Stadtvillen klettern, nicht an die Teehäuser lehnen und bloß keine Selfies vor herannahenden Rikschas wagen: Eine Sammlung von Piktogrammen, gedruckt auf ein Schild in den Straßen von Gion, versuchte das mittelalterliche Vergnügungsviertel vor dem Misslichsten zu bewahren. Eines der Symbole zeigte eine stilisierte, in traditionelle Gewänder gekleidete Japanerin, der sich eine Tatschhand näherte.

Erst verstand ich nicht, wieso die Leute so wankelmütig in den Gassen auf und ab trotteten, warum sie lungerten, nur hier und da ein Foto schossen, halbherzig und scheinbar träge. Ihr Verhalten wechselte, sobald sich kalkweiß geschminkte Gestalten aus dem Schatten der Dachziegeln bewegten. Es waren Maikos, junge Frauen, die sich zu Geishas ausbilden ließen und die Kunst des Gesangs, des Tanzes und der Konversation erlernten. Nach ihrer Lehre würden sie sich *Geiko* nennen dürfen, wie man in Kyoto sagt, Kind der Künste. Wenn sie auf ihren zehn, zwanzig Zentimeter hohen Holzschuhen über die Pflastersteine trippelten, den Kimono hochgebunden und Blumenschmuck im Haar, folgte ihnen ein Touristenschwarm. Keiner streckte eine Hand nach ihnen aus, doch der Eifer, die Mädchen in einem Foto festzuhalten, grenzte an eine Jagd. Sie liefen ihnen nach, hinunter zur Hauptstraße, bis ihnen an einer Fußgängerampel das eine Bild glückte, das der Zeitgeist von ihnen verlangte: ihr eigenes Gesicht im Vordergrund und dahinter das Gesicht des Fernen Ostens, deutlich genug, um die ersehnten Klicks einzubringen.

Dieser Narzissmus gipfelte auf einem Hügel, der sich über dem Fushimi Inari-Taisha erhob. Einige der Menschen, die ihn hinaufkletterten, schienen sich selbst für Götter zu halten. Hatte der Berg auf sie abgefärbt? War es seine eigene Eitelkeit, die eine Britin dazu brachte, Natsumi um ein Erinnerungsbild zu bitten und um noch eins und noch eins? Ich hätte das Fotohandy dieser schlecht gesträhnten Blondine irgendwann in den heiligen Wald geschleudert, knapp an ihrem gekünstelten Lächeln vorbei. Natsumi aber fuhr in aller Geduld fort. Eines vor diesem Hintergrund. Eines vor jenem. Eines hochkant, eines quer und nun noch eines für Snapchat. Anschließend knipste sich die Frau, die wohl mit Natsumis Arbeit nicht zufrieden war, noch etliche Mal selbst. «Genieß doch einfach die verdammte Ruhe!», dachte ich und sprach es nicht aus, denn an Ruhe war schließlich nicht zu denken.

Sicher. Die Alleen aus leuchtenden scharlachroten Toren, die sich zu Tausenden die Hänge hinaufschlängeln, gehören zu den schönsten Dingen, die der Mensch erschaffen hat. In einem Land, das so sehr von Zurückhaltung regiert wird, stechen sie heraus wie ein Fuchs auf einem schneebedeckten Waldboden, und die kalligraphierten Schriftzeichen entlang der Pfeiler wirken wie Zauberei. So lange zumindest, bis man erfährt, dass es bloß die Namen derer sind, die den Shintō-Schrein monetär unterstützen. Er ist den Göttern der Ernte und der guten Geschäfte gewidmet. «Panasonic», las Natsumi vor und hätte es besser gelassen.

Es war der Tag, an dem ich an einem Syndrom erkrankte, das Asienreisende früher oder später befällt: TMT – too many tourists, too many temples. Es war obendrein der Tag, an dem ich meinem Verlag einen Gefallen tun wollte. Man wünschte sich eine Aufnahme von mir an diesem Ort, zu Werbezwecken. Ich armer Schriftsteller war also auch nicht ganz frei von kommerziellen Interessen. Atmosphärisch sollte das Bild sein, «kontemplativ», hatte mein Verleger gesagt, im besten Falle magisch. Die Torii, wie sie in Bildbänden zu sehen sind, ohne Schlapphüte, ohne ein Menschenbein, und darunter meine Wenigkeit im Lotussitz, versunken in Meditation, die Güte im Gesicht.

So wählte ich eine Flucht aus Schreintoren, die sich am Fuße des Bergs in einer Windung zu einem Fächer reihten. Ich stellte das Stativ in Position und setzte mich etwa zehn Meter entfernt auf eine lichtbeschienene Stelle zwischen den Torii – als fiele göttlicher Segen vom Himmel auf mein Haupt. Immer jedoch, wenn Natsumi kurz davor war abzudrücken, stolperte jemand in das Japanklischee. Der eine winkte ihr freundlich aus der Ferne, der andere sprach sie ebenso freundlich an: «Ach, Sie sind Fotografin? Könnten Sie nicht auch ein Bild von mir machen? Mit meinem Handy?» Selbstverständlich half sie den Leuten gern.

«Weißt du was», sagte ich und erhob mich entnervt aus dem Yogasitz, «du machst jetzt deine Arbeit und ich meine.» Mit diesem Satz schob ich sie beiseite, weg vom Stativ. Meine Kamera verfügt über einen Selbstauslöser. Eine nützliche Funktion, die allerdings einen kleinen Haken hat. Der Mechanismus lässt sich nur auf zehn Sekunden programmieren. Mir blieben also lediglich zehn Sekunden, um auszulösen, an der Spiegelreflex vorbei in den Lichtschein zu rennen, mich dort niederzulassen, exakt in der Kameraschärfe, die Hände zu Mudras zu formen, Daumen auf Zeigefinger, die Energien fließen zu lassen, meine innere Balance zu finden und zu hoffen, dass keiner der fünfzig Millionen Kyoto-Touristen das Bild ruinierte.

Natsumi zog sich derweil in den Schutz eines Baumes zurück, um zu beobachten, wie ich hin- und herwetzte, wieder und wieder, und allmählich in der brütenden Mittagssonne verging. Auf eine Weise genoss sie es wohl. «Lauf», rief Natsumi, «lauf!» Während sie sich zufächelte und ihren Hals mit einem Frischetuch aus dem Hundert-Yen-Shop kühlte – es enthielt Minze und Menthol –, dokumentierte sie meinen Verfall mit ihrem Smartphone: die Flecken auf dem Hemd, die feuchten Locken auf der Stirn, die wachsende Wut in den Augen. Bis dahin hatten wir uns nie gestritten. Nicht einmal in vier Jahren. Bevor ich sie kennenlernt hatte, konnte ich leidenschaftlich mit Frauen ringen, um mich ebenso intensiv wieder mit ihnen zu vertragen. Es hat einen gewissen Reiz, so lange zu sticheln, bis man endlich mit Einrichtungsgegenständen beworfen wird. Ignoranz gehört zum westlichen Kulturkreis wie die offene

Konfrontation, doch laut zu werden war nicht Natsumis Stil. Sie ließ sich nicht so recht einschätzen. Wie würde sie auf Zwistigkeiten reagieren? Weil ich es nicht wusste, ging ich zuweilen so achtsam mit ihr um wie einer, der barfuß über Scherben läuft. «Zum Kotzen, eure Harmonie», sagte mal jemand über uns.

Auf diesem Berg jedoch suchte ich Streit. Mein Foto, diese verfluchte Illusion, sollte mir nicht gelingen. Also klemmte ich mir Kamera und Dreifuß unter den Arm und begann, die kilometerlangen steinernen Treppenwege zwischen den Torii hinaufzustapfen, in der Hoffnung, meinen Happy Place zu finden, einen friedlichen Ort ohne Blogger, Influencer und andere Gestalten. Natsumis Plan sah nicht vor, dass wir uns länger an einem Fleck aufhielten. Wollte sie doch am Nachmittag mit dem Zug nach Amanohashidate reisen und noch in derselben Nacht zurückkehren. Aber der Plan sah auch nicht vor, dass mir der Plan auf einmal herzlich egal war. Sie blieb zwar an meiner Seite, konnte es aber nicht lassen, mich beständig über die Folgen meines Handelns aufzuklären: «Achtzehntausend Schritte», sagte sie. Subtext: «Ich könnte dir gleich mehrere Gründe nennen, warum das, was du gerade tust, eine dumme Idee ist. Aber du würdest sie ja eh nicht verstehen.»

Als sie versuchte, mich zu stoppen, um wenigstens meine Stirn abzutupfen, stieß ich sie weg.

«Lass mich.»

«Baka!», zischte Natsumi, und wenn mich nicht alles täuschte, hatte sie soeben ein japanisches Schimpfwort benutzt.

Warum ich tatsächlich bis auf den Gipfel marschierte, kann ich bis heute nicht sagen. Nach ein, zwei Stunden blickten wir über die Talsenke von Kyoto, und Natsumi deutete auf so manchen Tempel, den wir meinetwegen nur aus der Ferne sehen würden. Für einen Ausflug an die Küste war es nun zu spät. Wer einen Berg erklimmt, und mag es auch ein heiliger sein, der muss ihn leider auch wieder hinabsteigen. So hakte Natsumi die grüne Brücke zum Himmel ab. Doch sie schien sich nicht darüber aufzuregen. «Dann eben nur zwei schöne Landschaften», stellte sie fest, und ich hoffte, dass unser kleiner Disput damit erledigt wäre. Möglicherweise hatte Natsumi sogar eine heilsame Lektion in Zen gelernt. Wenn du es eilig hast, mache einen Umweg.

Während des Treffens mit der Familie saß ich da wie ein Buddha: die Hände im Schoß gefaltet, der Kopf in den Wolken, die Lippen versiegelt. Gleich, welche Gespräche und Gerichte auf mich zukommen mochten, ich war ganz mit mir im Reinen. Hage-san, mein ehrwürdiger Schwiegervater, der in ähnlicher Position zu meiner Rechten hockte, praktizierte dieselbe Übung und atmete die Kraft seiner Chakren. Unsere Zungen erwiesen sich als nutzlos, wie häufig, unsere Expertise war nicht vonnöten, wie gehabt, und erneut blieb uns das Studium der Speisekarte erspart, weil die Verwandtschaft bereits gewählt hatte – lange vor dieser dritten Zusammenkunft. Die Kellnerinnen im azaleenroten Kimono ließen uns zumindest die Wahl zwischen heißem und kaltem Tee.

Wir aßen zu Mittag im Hotel Karasuma. Ein angenehmer, wenn auch nüchterner Ort, in dem helle Holztöne dominierten wie in einem skandinavischen Haus am See. Auch die Tante, um deren Familie es diesmal ging, schien in gewisser Weise auf Haltung bedacht. Als wir später Erinnerungsfotos schossen, gestattete sie sich ein gefälliges, aber nicht allzu offenes Lächeln zwischen den Perlenohrringen. Natsumi hatte mir wenig über die Witwe ihres zweiten, früh verstorbenen Onkels verraten. Nur dass sie ihr immer etwas streng vorgekommen sei. Ihr Sohn, der kinderlose Part der Tante, lächelte ebenso reserviert. Dass er einen seiner fünf Urlaubstage opferte, eigens für uns, betrachteten wir als große Ehre. «Ach was, der Junge schläft doch an solchen Tagen nur, von morgens bis abends!», scherzte Katsumi-san, als er etwas gehetzt zu uns stieß. «Na, wieder nicht aus dem Bett gekommen?»

Am Tischende wippte ein Anderthalbjähriger, den ich nicht nur deshalb mochte, weil er immer wieder seine Fingerchen nach mir ausstreckte. Mit greifenden Bewegungen verlangten sie nach meiner Hand und riefen: «Nun gib sie schon! Nun gib sie schon her!» Vor allem aber teilten wir ein Schicksal. Der Kleine bewegte sich exakt auf meinem Sprachniveau. «Na, wo ist denn die Mama?», neckte ihn jemand, und er zeigte auf seinen Papa, von dem er seine Spitzbübigkeit hatte. Wäre aus ihm ein Mädchen geworden, er hätte wohl die auffallend hohen Wangenknochen seiner Mutter geerbt, Natsumis dritter Cousine.

Jeder erhielt ein Tablett mit einer Misosuppe, Reis, Fisch, eingelegten Muscheln und Tempuragarnelen. «Oishisō!», spulte ich mein Programm ab, das sieht aber köstlich aus, und wenige Happen später schob ich ein «Totemo yoi!» nach, sehr, sehr gut. Könnte sein, dass ich mich eine Spur zu euphorisch gab, aber es waren keine Lügen. Ich versuchte nur, jede Chance zur Kommunikation zu nutzen, die sich bei solchen Anlässen bot. Natsumis Cousine sah mich schon bald etwas verwundert an. Sie schmunzelte, und dabei kräuselte sich unter ihrer Nase eine sonderbare horizontale Falte. Womöglich fragte sie sich, ob ich mehr Japanisch verstand als angenommen. Zur Probe sagte sie einen Satz in meine Richtung, doch das Tischgespräch setzte sich nahtlos fort. Niemand schickte sich an, zu dolmetschen.

«Was hat sie denn gesagt?», fragte ich Natsumi.

«Ach, meine Cousine hat sich danach erkundigt, was dir in Japan bisher am besten gefallen hat», half sie nun, und ich nickte erst einmal und lehnte mich zurück, während die beiden weiterredeten. Weil es schließlich nicht um irgendein Land ging, suchte ich nach einer möglichst wertschätzenden Antwort. Die Frage war keine Falle, aber sie war gefährlich. Von den Neonlichtern fing ich besser nicht an, überlegte ich, und wie würden die Abenteuer an der Seite eines gewissen Herrn Noiman auf die anderen wirken? Ich entschied mich für eine unverfängliche Geschichte, von der ich glaubte, dass sie der Cousine in guter Erinnerung bleiben würde. «Hanamusubi», sagte ich, die gebundene Blume aus dem magischen Izakaya im Bärenwald. «Könntest du bitte?», hakte ich nach, denn Natsumi schien nicht sofort zu reagieren. «Zu spät», gab sie zurück, «wir sind längst bei einem anderen Thema.»

Sie wandte sich wieder ihrer Cousine zu, sei es, um von unserer Hochzeit zu erzählen, oder sei es nur, um über das Wetter zu plaudern, und ich betrachtete meinen Seelenbruder, den Windelmeister am Tischende. Er grinste und schien mit den Schulterchen zu zucken. So verfolgten wir gemeinsam, was sich am Tisch so tat, wie die Worte kreisten, wie sich die Kellnerinnen näherten, wie sie sich offenbar danach erkundigten, ob wir noch einen Wunsch hätten, und letztlich nickend die Tabletts abräumten. Der Kleine sehnte wohl den Nachtisch herbei, während ich mir eine zweite Chance auf einen ersten gehaltvollen Kommentar erhoffte.

Wir sollten beide nicht enttäuscht werden. «Deutsches Bier», sagte Natsumi und setzte dabei eine eigenartige Pädagogenmiene auf. «Meine Cousine möchte wissen, ob es anders schmeckt als japanisches.»

«Was für eine Frage!», lobte ich den Einwurf. Es mag eintausend Brauereien in meiner Heimat geben und eine Million Varianten, jede Facette des Geschmacks, Pils, Lager, Weizen, Dunkelbier, Export, aber ja, würde man sie allesamt in einen Kessel gießen, vermutete ich, wäre das Gebräu wohl um eine Nuance herber als ein Asahi, ein Kirin-Ichiban oder ein Sapporo. Nur sollte man es lieber nicht probieren.

«Die wollen es nicht so genau wissen», meinte Natsumi, nachdem sie meinen Vortrag mit einer einzigen Bemerkung übersetzt hatte, «viel zu viele Details. Japanisches Bier ist milder, habe ich geantwortet.»

Während ich noch darüber sinnierte, ob das jetzt ein Culture Clash war oder doch eine Retourkutsche für den Gewaltmarsch durch die Schreintore, suchte die Cousine erneut meinen Blick.

«Ob du im Fernsehen zu sehen bist.» Natsumi gab sich wenig Mühe.

«Oh ja», antwortete ich, «ab und zu, wenn ein neues Buch erscheint, dann ...»

«Ich habe schon ja gesagt», unterbrach Natsumi.

«Dürfte ich deine Cousine vielleicht auch etwas fragen? Zum Beispiel, was sie beruflich macht?»

Natsumi legte mir eine falsche, tätschelnde Hand auf die Schulter. «Das frag mal schön selbst.»

Zu meiner Erleichterung ließ Natsumi bald Milde walten. Wie ich erfuhr, arbeitete ihre Cousine im Rathaus von Osaka, wo sie auch ihren Mann kennengelernt hatte. Eine glückliche Beamtenliebe. Zwanzig Ferientage gewährte ihnen der Staat, unjapanisch viele, und sparte man sich den Urlaub eines ganzen Jahres auf, konnte man im Jahr darauf summa summarum vierzig Tage freimachen. So hatte die Cousine Spanien, Italien und die Türkei bereist, nur an ihren Besuch im Alten Land mochte sie sich nicht so recht erinnern. «Schade», sagte ich zu Natsumi, «ich hätte gerne gewusst, was ihr dort am besten gefallen hat.»

Das Essen brachte zwei Erkenntnisse. Nummer eins: Ärgere niemals eine Samurai. Nummer zwei: Im Gefecht um die Rechnung war die Schönheit des Sieges doch nicht so unbezwingbar wie gedacht. Diesmal bezahlte die gestrenge Tante. Ob Katsumi-san absichtlich verloren hatte, ließ sie offen, als wir uns bereits nach einer Stunde von den Verwandten verabschiedeten und zum Bahnhof fuhren. Sie hielten wenig von Sachgeschenken, erklärten sie, und besserten auf großzügige Weise unsere Reisekasse auf.

Natsumis Eltern wollten nicht das Hotel mit uns teilen. Die Dunkelkammer der sieben schwarz gezopften Damen hinter dem schillernd schwarzen Lacktisch war ihnen wohl nicht geheuer. So begleiteten wir sie im Provinzzug zu ihrem Quartier, denn bis zum vierten und letzten Treffen in Kōbe würden wir uns eine Weile nicht sehen. Natsumis Reisepläne führten weiter nach Süden, während die beiden am nahe gelegenen Biwa-ko entspannten, dem größten See Japans. Wohl weil er Hage-san so sehr an die Heimat erinnerte. Mein Schwiegervater ist am Bodensee aufgewachsen, der eher bläulich glitzert, während der Biwa-ko ins Grünliche tendiert. In ihrer Weite und in ihrer Aura gleichen sich die Gewässer wiederum.

Bald blickten wir gemeinsam durch eine Glaswand aus dem dreiunddreißigsten Stock. Dahinter erstreckte sich das Seepanorama der Hafenstadt Ōtsu, das auf der einen Seite des Hotelzimmers, nahe der Sitzgruppe, begann und noch drei, vier Meter weiter reichte bis zu einer Chaiselongue. Im Gegensatz zu uns schienen Natsumis Eltern den Sinn eines Honeymoons begriffen zu haben.

Es war ein guter Ort. Er wirkte ausgleichend, auf jeden von uns, und dennoch schnitt sich Katsumi-san, die in einer hellen Leinenbluse auf dem Teppich kniete, den Bauch auf. «Seppuku», murmelte sie und nahm ein unsichtbares Kurzschwert in beide Hände. Katsumi-san setzte es sechs Zentimeter unterhalb des Nabels an, stach zu, zog die Klinge einmal von links nach rechts und zuletzt aufwärts, bis sie die Aorta zertrennt hatte und das Bewusstsein verlor. Dabei hatte ich geglaubt, es sei der richtige Moment, sie nach dem Krieger in ihrem Stammbaum zu fragen. Was wusste sie über den geheimnisvollen Samurai zu erzählen, den die Verwandten hin und wieder «stolz» und «ehrenhaft» nannten, ohne je ein Detail zu verraten?

Katsumis überraschender Selbstmord sollte ihre Antwort auf meine Frage sein: Er sei ein Mann gewesen, der eines Tages Verantwortung übernehmen musste.

In dieser Nacht, als die Tropfen langsam leiser klopften, verließ ich unser Zimmer in Kyoto. Das Licht aus einem Zen-Garten beschien den Flur. Die geheime Wand hinter den Fahrstühlen fuhr beiseite. In der verwaisten Lobby verbeugten sich sieben Wächterinnen, und als ich aus der Metro stieg, allein, dämmerte über den zehntausend scharlachroten Torii der Morgen. Es war noch kühl, und nur die Schritte der Mönche, die am Fuße des Bergs über den Schreinplatz liefen, füllten die Stille. Ich fand meinen Platz zwischen den Toren, schoss mein Foto, setzte mich auf eine Treppenstufe und dachte darüber nach, wer ich war und wer ich sein wollte.

WENN DIE TOTEN REDEN UND DIE LEBENDEN TANZEN

HIROSHIMA

Eine Frau auf einer Bühne. Sah sie mich? Ich stand ihr direkt gegenüber, und auch sie stand einfach nur da, den Blick nach vorn gerichtet, die Schultern gerade, die Arme locker zu den Seiten. Jetzt atmete sie aus, und eine Brise bewegte den Saum ihres Hosenrocks, der bis zu den Spitzen ihrer Zehen reichte. Die Frau blieb reglos. Eins. Zwei. Sie schien mich noch immer nicht zu bemerken. Es war, als könnten ihre Pupillen durch Berge sehen, als sie bei drei wieder Luft holte. Sie senkte sich in die Hocke, ganz leicht, und hielt die Position, so wie die Männer in ihrem Rücken, die synchron dasselbe taten. Vier. Ihre linke Hand griff nach einem Schaft, ihre rechte nach einem Knauf. Fünf. Sie zog das Katana und hielt die Klinge in den weichen, salzigen Wind. Sechs. Wieder verharrte sie, doch diesmal nur für ein Blinzeln. Sieben. Ein Ausfallschritt nach vorn. Acht. Ein Stoß in die Waagerechte, und bevor ich bis neun zählen konnte, reckte sie beide Arme in die Höhe und spaltete mit einem Hieb den Schatten, der uns trennte. Neun. Sie kniete nieder und legte ihre Waffe zu den Füßen ab. Zehn.

Wer Itsukushima betritt, den Schrein, der vor der Insel Miyajima im Wasser ruht, ist ganz mit sich allein. Der Raum wird von Leere gefüllt. Kaum eine Wand, nur Dächer aus Schilfrohr und leuchtend rote Säulen, auf denen Sonnenreflexe spielen, wenn die Flut kommt, und es wirkt, als würde der weitschweifige Pfahlbau über der Meereslinie schweben. Die Kriegerin, die auf einem Plateau stand, kämpfte mit sich selbst. Sie ließ alles um sich herum verschwinden: die anderen Schwertkämpfer, die Schaulustigen, die Ginkgos an den Hängen und die Häuschen am Ufer, die leise von Edo erzählten. Selbst das Torii aus Kampferholz, das sich vor der Küste aus den Wellen erhob und mit jeder Stunde die Farbe wechselte. Es erscheint schwarz, wenn der Morgen kommt, rubinrot am Mittag und purpurn im letzten Glimmen eines Sommerabends. Manche sagen, es sei die Pforte zwischen der Welt der Menschen und jener der Kami, der Götter, die hier wohnen – in den Felsen, in den Ahornbäumen und in jedem zahmen Reh, das durch die Gassen der Händler spaziert.

Miyajima war die zweite der drei schönsten Landschaften, die wir auf dieser Reise erlebten, und es fiel schwer, sich von ihr zu lösen. Natsumi ließ den Tag damit vergehen, die Tiere zu füttern und vorsichtig den Auslöser zu drücken, sobald sie ihr vertrauten. Sie hatte einen völlig neuen Porträtstil erfunden und taufte ihn «Relfie»: das Selfie mit einem Reh. Es war eine Mise en Scène, die Geduld verlangte, denn es dauerte so seine Weile, bis eines der Tiere endlich in das Objektiv schaute, mit weiten, treuherzigen Augen und einem Halm in der Schnute. Das war Natsumis Art des Zen. Ich zog es vor, die Kunst des Kampfes zu studieren. Auf die Schwertmeister folgten Kendō-Krieger und danach ein Karateka, der seine Hände mit solcher Muskel- und Geisteskraft spannte, dass darin unsichtbare Feuerbälle wuchsen.

Weil die Insel den Göttern gehört, hatte man es nicht gewagt, den Schrein auf Land zu setzen. Er steht auf Stelzen im Uferwasser, zumindest wenn gerade Wasser da ist. Bei Ebbe steht er im Schlick. Dann gehen die einen Miesmuscheln sammeln, während die anderen eine Münze zwischen die Schneckenhäuser, die Krebspanzer und die Seepocken stecken, die algengrün an den Pfeilern des Toriis heften. Die Leute mögen auf himmlischen Zuspruch hoffen, doch wenn es schlecht läuft, pickt ein Kind ihre Münze wieder heraus und lässt sie heimlich in der Hosentasche verschwinden.

Wer den Schrein in alten Zeiten betreten wollte, musste auf Wasser warten und in einem Boot durch das gebieterische Tor rudern. Heute ist es leicht, nach Miyajima zu gelangen. Viel zu leicht. Fähren bringen die Besucher an Land, Shuttlebusse kutschieren sie zu einer Seilbahnstation, und eine Gondel trägt sie auf den Misen, den geweihten Gipfel über der Bucht. Tausende kommen, Tausende gehen, und dennoch gelingt es ihnen nicht, diesem Ort die Seele zu rauben. Vielleicht weil hier Gesetze gelten, die seine karmische Ordnung bewahren. Niemand hat das Recht, ein Tier zu töten, niemand darf einen Baum fällen, es ist nicht einmal gestattet, auf diesem Grund ein Kind zu gebären, und einst blieb sogar Frauen, die ihre Periode hatten, der Zutritt verwehrt. Bis heute müssen Greise früh genug die Insel verlassen, wenn sie ihrem Ende entgegensehen. Es ist verboten, hier zu sterben. So gibt es auf Miyajima, das immerhin zweitausend Bewohner zählt, weder ein Krematorium noch einen Friedhof, und man könnte meinen, der Tod mache einen Bogen um diesen Landstrich. Doch Anmut und Schrecken liegen im Süden Honshūs eng beieinander.

Zehn Minuten auf See, zwanzig auf Schienen, und die Sohlen wandeln auf Grund, der mit einem einzigen Hauch fortgeweht worden war, weggekehrt wie Herbstlaub. Wer nach Hiroshima kommt, fühlt sich schwer, viel schwerer als sonst. Es mag an den Gedanken liegen, die sich aus dunklen Tiefen erheben und wie Ballast auf die Brust legen. Den einen drückt die Schuld, den anderen das Mitgefühl, und beides vereint die Erinnerung an den Tag, als der Tod vom Himmel fiel. Nur ein Menschenalter zuvor.

Dann braucht es einen Finger, der an den Oberarm schnipst, eine Stimme, die ein sachtes «Shhh» zischelt, oder einen bonbonfarbenen Sightseeingbus mit Friedenstauben an den Flanken. Niemand hatte uns gezwungen hineinzusteigen. Es war eher ein Hineinstreicheln, und wer wollte sich gegen die örtliche Gastlichkeit wehren. Die Fremdenführer von Hiroshima wippten den Gaijin bereits in der Bahnhofshalle entgegen und wiesen beschwingt den Weg. So fanden wir uns in einem Vehikel wieder, das nach Disneyland zu reisen schien, und sahen dem Busfahrer dabei zu, wie er sich die Socken richtete. Erst zog er die linke, dann die rechte Socke hoch. Anschließend prüfte er den Sitz seiner Handschuhe, positionierte das Mikrophon und tippte auf das Gaspedal, um nach wenigen Metern, noch in der ersten Kurve nach dem Bahnhof, abzubremsen. Er warf einen prüfenden Blick auf seine Armbanduhr und musste feststellen, dass er eine unerhörte Minute zu früh gestartet war. Was tat er also? Der gute Mann setzte noch einmal zurück, obwohl niemand an der Haltestelle wartete oder herangehetzt kam. Dem Busfahrer war es einerlei, und so kam es, wie es kommen musste: Kaum hatte das rollende Bonbon seine Ausgangsposition erreicht, piepsend und dröhnend, fuhr es auch schon wieder an.

Wir waren auf einer Ringlinie unterwegs, die durch Hiroshima kreiste, zusammen mit Briten, einer amerikanischen Familie und schwedischen Backpackern. An unserem ersten Stopp wartete eine Japanerin mit ihrer kleinen Tochter, die in einer Kinderkarre hockte. Kaum war der Bus zum Stehen gekommen, löste der Fahrer seinen Gurt, um der jungen Frau hineinzuhelfen und dafür zu sorgen, dass sie einen Platz in Nähe der Tür bekam. Dazu musste er gleich mehrere Reisegäste bitten, sich umzusetzen, was er unter tiefem Bedauern und vielfachen Verbeugungen tat. Er stellte den Buggy so, dass die Mutter ein Auge auf ihre Kleine haben konnte, und erkundigte sich schließlich, ob sie einverstanden sei, wenn er «normal» fahre. Er könne das Tempo gerne drosseln und den Bus etwas sachter lenken. Die Frau lehnte zwar dankend ab, trotzdem steuerte unser Freund von nun an noch besonnener um die Kurven.

Es war nur eine Szene, nichts Ungewöhnliches, aber was konnte in Hiroshima schon gewöhnlich sein? Ob die Einwohner dieser Stadt mehr aufeinander achtgaben als anderswo in diesem Land? Lag ihnen besonders daran, das Leben, das hier so grausam ausgelöscht worden war, zu behüten? Bald ertappte ich mich dabei, wie ich jedem Detail, jeder Bagatelle, jeder Winzigkeit eine höhere Bedeutung beizumessen versuchte. Auch den beiden Hörgeräten, die das kleine Mädchen im Kinderwagen trug. «Das hat bestimmt nichts damit zu tun», sagte Natsumi, der aufgefallen war, wohin ich sah, doch ich dachte an Missbildungen, Fehlgeburten, Erbkrankheiten, während wir gemächlich durch Straßen schaukelten, die sich kaum von anderen in Japan unterschieden. Hiroshima wirkte genauso rastlos, konfus und verwirrend wie Tokyo. Und war das nicht wunderbar?

Die Atombombe hatte ungeheure Hitze entfesselt, viele tausend Grad. Was nah war, verdampfte, was fern war, ging in Flammen auf, und die Asche, die in den Himmel schnellte, kehrte als schwarzer, giftiger Regen zurück. Doch bei aller Not und Verwüstung hinterließ die Kernwaffe weit weniger Radioaktivität als ein schmelzender Reaktor, so grotesk es klingt. Die Überlebenden trugen den Erdboden ab, die Taifune leisteten ein Übriges, und die Zeit tat das, was sie am besten kann: Sie verging. Unser Bus fuhr nicht durch Fukushima oder Tschernobyl. Die Strahlung hatte sich normalisiert, und manche Restaurants, die an den Scheiben vorbeizogen, versuchten sogar, Kapital daraus zu schlagen. Man verwende ausschließlich Obst und Gemüse aus der Präfektur Hiroshima, versprach die Kreidetafel vor einem der Lokale. Dabei hatte man ursprünglich befürchtet, in dieser Region könne über Generationen hinweg nichts mehr gedeihen.

Wir verließen das rollende Bonbon in der Nähe der Ruine, die als Atombombenkuppel bekannt ist. Ein martialischer Name für das Gerippe aus Stein, Stahl und Kupfer, denn trotz seiner aschgrauen Mauern, der leeren, toten Fenster und des nackten Gewölbes auf dem Dach wirkt es geradezu milde. Laubbäume und Reihen von Sträuchern wachsen um die ehemalige Handelskammer, die zwar ausbrannte, aber in Teilen erhalten blieb, während die Holzhäuser drum herum verschwanden, als seien sie nie dagewesen.

«Beinahe hätte es auch meine Großmutter erwischt», sagte Natsumi. Sie sei in dieser Stadt geboren worden und zur Schule gegangen, bevor ihre Familie für eine Zeit nach Chōsen übersiedelte, in die kaiserliche Kolonie Korea.

«Das hast du mir nie erzählt.»

«Du hast nie gefragt», lächelte Natsumi, während wir durch den Friedenspark spazierten, in dem alljährlich die Friedensglocke geläutet wird – am 6. August um acht Uhr und fünfzehn Minuten.

Das Friedensmuseum erhob sich über grünen Wiesen. Der lang gezogene, auf Stelzen balancierende Bau aus Glas und Beton erinnerte auf abstrakte Weise an den schwebenden Schrein von Miyajima. Als wir über Treppen hineingingen, ließ mich noch etwas anderes an Japans heilige Stätten denken: Eine große Ausstellungshalle war verriegelt, und durch die restlichen Räume zogen sich Absperrbänder und schwarze Bahnen aus Stoff, denn das Museum wurde gerade umgebaut. Doch schon die wenigen Stücke, die darin zu sehen waren, ließen jede Stimme verstummen, Japaner, Gaijin, Chinesen, sogar die Kinder schwiegen. Ein verbranntes Dreirad. Verkohlter Reis in der blechernen Lunchbox eines Schuljungen. Der Schatten eines Menschen, der während der Explosion auf einer Treppe aus Stein gesessen hatte. Von ihm war nichts weiter geblieben als ein Fleck, der sich dunkel in die Stufen gebrannt hat. Was gibt es noch zu sagen, wenn die Toten reden?

Hiroshima muss einen wundervollen Morgen erlebt haben, damals, bevor die Zeit stehen blieb. Zeugen berichten von einem kristallklaren blauen Himmel und etwas Silbernem, das sich am Horizont näherte und einen weißen Schweif hinter sich herzog. Ehe der sonderbare Flugkörper abdrehte, ließ er etwas fallen. Es glänzte wie ein Tropfen und hielt sich lange in der Luft, als würde es niemals den Grund erreichen. Bis dahin war die Hafenstadt von Bombardierungen verschont geblieben, während das Land längst in Trümmern lag, und mancher hatte schon gerätselt, ob das nun ein gutes oder ein schlechtes Omen war. Hiroshima zählte zu den größten Siedlungsgebieten Japans und beherbergte vierzigtausend Militärangehörige der kaiserlichen Armee. Die meisten der Einwohner waren jedoch Zivilisten, darunter chinesische und koreanische Zwangsarbeiter.

Das Ding aus dem Himmel, das den harmlosen Codenamen «Little Boy» trug, sollte tatsächlich nie den Boden erreichen. Wenige hundert Meter über den Dächern der Innenstadt zeigte es sein wahres Gesicht. Der kleine Junge verwandelte sich in einen Pilz, der dreizehn Kilometer in die Höhe stieg. Alles darunter erfuhr die spurlose Vernichtung, im buchstäblichen Sinne. Hiroshima wurde zu Nichts. US-Generäle werteten den Angriff als Erfolg: Achtzig Prozent aller Gebäude waren zerstört, das Experiment Nuklearbombe geglückt. Auf den Luftaufnahmen jedoch, die sie eilig in Auftrag gegeben hatten, wäre auch zu erkennen gewesen, dass Oppenheimers Erfindung ein Fehler war. Er selbst hatte es früh geahnt. Nach dem allerersten Atomtest in der Wüste von New Mexico soll er an eine Strophe aus der hinduistischen Bhagawadgita gedacht haben: «Jetzt bin ich der Tod geworden, der Zerstörer aller Welten.»

Niemand weiß genau, wie viele Menschen starben.

Einige Quellen sprechen von neunzigtausend, die sofort nach der Explosion ums Leben gekommen seien, und von mehr als einhunderttausend in den Monaten danach. Diejenigen, die bis heute an den Folgen des Abwurfs leiden, sind ungezählt. «Meine Tränen ließen den Blick durch den Sucher ganz verschwimmen», berichtete Yoshito Matsushige. Der Fotograf war der einzige Überlebende, der den Tag der Detonation mit seiner Kamera dokumentierte. Er machte lediglich fünf Aufnahmen. Man sagt, der Anstand hätte es ihm verboten, weiter zu fotografieren.

Es war ein Museumsgang wie ein Trauermarsch, in stillen Reihen, von Bild zu Bild, von Relikt zu Relikt. Von einem Chronographen, der noch immer acht Uhr und fünfzehn Minuten zeigte, bis zur zerfetzten Schuluniform eines Jungen. Von einem geschmolzenen Buddha bis zu den Kranichen von Sadako Sasaki, jenem Mädchen, das Jahre nach der Bombe an Leukämie erkrankte und seine letzte Hoffnung in einen Mythos setzte. Wer eintausend Kraniche falte, hatte man ihr erzählt, dem erfüllen die Götter einen Wunsch. Manche sagen, Sadako benötigte dafür kaum einen Monat. Sie faltete und faltete, was immer sie im Krankenhaus stibitzen konnte, und als sie eintausend Kraniche beisammenhatte, begann sie, noch einmal tausend zu falten, bevor sie verschied.

Das jüngste Exponat war eine handschriftliche Notiz des scheidenden US-Präsidenten. Sie lag in einer Vitrine neben Papierkranichen, die Barack Obama selbst gefaltet haben soll. «Wir haben die Qualen des Krieges erfahren», schrieb er, «lasst uns nun gemeinsam den Mut finden, Frieden zu verbreiten.» Um Vergebung bat er nicht, genauso wenig wie seine Vorgänger oder derjenige, der ihm nachfolgen sollte, und auch das *gomen nasai* für Pearl Harbor steht bis zum heutigen Tage aus.

Als wir das Museum verließen, mochte keiner so recht reden. Es war noch schwüler geworden, und ich setzte mich auf eine Bank im Schatten, während sich Natsumi vor einem Grabmal verneigte, wie es andere taten, um danach in eine Flamme zu blicken, die erst erlöschen soll, wenn die letzte Kernwaffe auf Erden gebannt ist.

Wer wagte es, den ersten Satz zu sprechen? Welches Wort war angemessen nach diesen Eindrücken, die so schwer zu ertragen waren? Hiroshima nahm uns die Entscheidung ab. Der bonbonfarbene Bus, der bald einrollte, brachte uns in eine Gegend, die mir zunächst wie ein Widerspruch vorkam, später wie ein Wunder und letztlich wie der heilsame Bruch eines Tabus. Genug der Stille, schien die Stadt zu sagen. Das Zimmer, in dem wir wohnten, lag nicht weiter als einen Kilometer vom Epizentrum der Bombe entfernt und damit direkt im Vergnügungsviertel von Hiroshima, dem Lustzentrum der auferstandenen Metropole. Nur eine hektisch frequentierte vierspurige Straße trennte das Hotel von Freudenhäusern und Host Clubs, von Shoppingmeilen und Spielhöllen, und als das Neon leuchtete, ließen wir uns treiben.

Rotes Licht, weißes Licht, wieder Rot und wieder Weiß – junge Frauen krakeelten unter einer gigantischen, flackernden Reklame von Kirin Beer. Sie schwenkten Werbeschilder in der schwitzigen Abendluft und hofften, einen der Passanten, die zu Hunderten über die Kreuzung rauschten, in die Karaokebars zu locken. Aus einer weltentrückten Tierhandlung tönten Wiegenlieder, und während sich Hundebabys in Glaskästen nach einem Zuhause sehnten, jagten Motocross-Bikes wie Kettensägen über den Boulevard.

In all dem Gewimmel landeten wir an einem maßlosen, herrlich absurden Ort: «Okonomiyaki Village», ein Dorf in einem Hochhaus. Dreißig Garküchen, die sich Grill an Grill in die Treppenflure eines ehemaligen Wohnturms zwängten: drei Köche, zehn Gäste pro Laden und zwischen ihnen meterlange, heiße Stahlplatten, auf denen die Spezialität Hiroshimas brutzelte, eine überwältigende, durch und durch verschwenderische Speise.

Man könnte Okonomiyaki mit «Alles, was du willst!» übersetzen. Erst brät der Koch einen Pfannkuchen, dann legt er zwei Hände voll Kohl und eine Handvoll Sprossen darauf, gefolgt von Tintenfisch, Garnelen, Schinken und einer satten Portion Nudeln. Ganz oben lässt er ein Loch, wie einen Krater, und schlägt zwei, drei Eier hinein. Stockt die Eiermasse, wendet er sein Werk und zerteilt es mit einem Spachtel, bis endlich der Gast an die Reihe kommt. Das war der Akt des Theaters, den Natsumi am meisten liebte. Sie malte ein Muster aus einer dunklen und einer hellen Soße auf ihr Okonomiyaki, gab Gewürze dazu, und dann bestreute sie es mit Magie. Natsumi ließ hauchdünn geriebene Flocken aus getrocknetem Thunfisch auf den Fladen rieseln, und weil er immer noch warm war, bogen und wanden sich die Raspeln bald, bis sie schließlich zu tanzen begannen.

Es war Samstag, ganz Hiroshima tanzte in dieser Nacht, und den rauen Sound der Metropole, die aus dem Nichts gewachsen war, untermalten die Lüfter und Ventilatoren auf den Flachdächern, die heiser in die Häusertürme atmeten. Nein, Hiroshima war keine Schönheit. Die Stadt wirkte haarsträubend verbaut und fahrlässig verplant. Doch sie lebte, und das kostete sie aus.

DIE SIEBEN HÖLLEN

BEPPU

Ich erinnere mich an Güterwaggons, an die Schlote der Schwerindustrie und an all den Rauch, der über ihnen aufstieg. Die Bahn schrillte durch Wüsten aus Gleisen und jaulte durch Wälder aus eisernen Pfeilern, bis sie das matte, staubüberzogene Röhrenlicht der Station Kokura erreichte. Ein Name wie ein Talisman. Drei Tage nachdem die Amerikaner Hiroshima zerstört hatten, steuerte ein Propellerflugzeug auf diesen Ort zu. Es trug eine zweite Atombombe in seinem Bauch, und Major Charles Sweeney hatte den Auftrag, sie über Kokura fallen zu lassen. Doch die Stadt lag unter dem Dunst eines brennenden Stahlwerks verborgen, und Sweeney war befohlen worden, nur auf Sicht zu bombardieren. Er sollte die Rüstungsbetriebe von Kokura treffen. Nach dem dritten vergeblichen Versuch ging das Flugbenzin zur Neige, glaubt man der Legende. So ließ der Major beidrehen, um Kurs auf ein anderes Ziel an der Westküste zu nehmen: Nagasaki.

Kokura ist ein Knotenpunkt. Der Shinkansen hielt, eine Durchsage folgte, und die Passagiere erhoben sich nach und nach. Nicht etwa, um auszusteigen, sondern nur um den Komfort zu wahren. Sie betätigten mit den Füßen einen Schalter, woraufhin sich die Sitzreihen im Halbkreis drehten, bis die Sessel in ihrer neuen Position einrasteten. Die Fahrtrichtung wechselte, und damit endete auch die Zeit der Metropolen. Keine Fabriken mehr, keine Häusertürme, die den Horizont verdeckten. Stattdessen wuchsen nun Bergketten in den Himmel, Nadelwälder erstreckten sich auf ihren Hängen, Teeplantagen breiteten sich aus, und all das rückte zu beiden Seiten immer näher an die Fenster des Zugs heran. Tat sich zwischen den Höhen ein Tal auf, dann lag darin ein Dorf, ein Reisfeld oder eine Pilzfarm. So ging es eine Weile, bis das Licht über den Baumwipfeln allmählich eine wärmere Tönung bekam.

Wir reisten durch das japanische Feuerland. In seinem Grund schwelt, rumort und brodelt es, und erst vor wenigen Wochen hatte der Boden so heftig vibriert, als wollte er die Menschen abschütteln, die auf ihm wohnen. Ein Zug war entgleist, eine Gebetshalle eingestürzt. Eine Fernstraße wurde von einer Lawine aus Schlamm und Geröll talwärts gerissen. Dutzende waren verschüttet worden, Tausende verletzt, Hunderttausende hatten auf Strom verzichten müssen und beinahe eine halbe Million auf Trinkwasser. Seither war der Landstrich von einer Serie kleinerer und größerer Nachbeben gemartert worden, und als wäre das alles nicht genug, hatte sich auch noch der größte aktive Vulkan des Landes geregt. Kyūshū, die südlichste der drei Hauptinseln, schien ein wildes Reich der Flammen und der siedenden Flüsse zu sein. Ein Pessimist würde sagen, wir hätten die Gefahren ignoriert. Ein Optimist hätte unser Gottvertrauen gelobt. Und wie argumentierte Natsumi? «Gebucht ist gebucht», sagte sie.

Natsumi schien keine Hysterie zu kennen. Ein Risiko war dazu da, es in Ruhe abzuwägen. Gelegentlich stieß ich auf eine der Pro-und-Kontra-Listen, die sie auf Zettel schrieb und zuweilen auf der Couch oder dem Nachttisch liegen ließ. Darin teilte Natsumi die Welt in Plus und Minus, in Für und Wider. Gegen den Abstecher auf die Insel Kyūshū sprach der Vulkan. Mehrmals hatte er bereits zornige schwarze Wolken gespuckt, und man konnte ihm noch immer nicht trauen. So mussten wir auf eine Fahrt an die beeindruckende Takachiho-kyō, die Schlucht am Wasserfall Manai, verzichten. Sie liegt dem Feuerberg zu nahe. Und was sprach für Kyūshū? Ein anderer Vulkan zum Beispiel, der sich vor der Küstenstadt Kagoshima aus dem Meer erhebt und dieser Tage schwieg. Aber noch so einiges mehr.

Wie jede ihrer Listen schrieb Natsumi auch diese im Stillen. Das ist ihre Art. In einem Moment kann sie wenig mitteilsam wirken, um dann im anderen zu überraschen. So hatte sie mir die Nacht zuvor, als wir aus dem Zimmerfenster über die Lichter des Vergnügungsviertels blickten, ganz unvermittelt eine Geschichte erzählt. Ihr berühmter Vorfahr sei wohl aus dieser Gegend, der Präfektur Hiroshima. Wenn sie sich nicht irre – was sie bekanntlich selten tue –, habe er sogar in der Hiroshima-jō gelebt, der Karpfenburg, die von der Atomexplosion in Schutt und Asche gelegt wurde. «Der Samurai?», fragte ich. «Die Samurai!» Genauer gesagt stamme ihre Mutter aus einer Kriegerlinie, Generationen von Schwertkämpfern, die für den Daimyō, den Feudalherrn, in die Schlacht gezogen seien. Eine nette, wenn auch ungewöhnliche Familientradition, wie ich fand. «Aber wenn du den meinst, von dem meine Mutter gesprochen hat: Sein Name war Motosuke», sagte Natsumi. «Du kannst ja mal deine schlauen Bücher befragen. Auf Kyūshū haben wir Zeit.»

Am späten Abend hockte ich auf einem Stuhl, der keine Beine hatte. Es war lediglich eine Sitzschale mit einem Kissen darauf. Meine Bücher ließ ich erst mal beiseite, denn ein anderes Dokument hatte mein Interesse geweckt. Es war ein Brief des Hoteldirektors. Unter dem Betreff «Kondolenzgeld» informierte er darüber, auf welche Weise das Haus sein Beileid bekunden würde, sollte einer der Gäste während des Aufenthalts das Zeitliche segnen:

1. Das Hotel zahlt der betroffenen Familie ein Kondolenzgeld von bis zu 100 000 Yen – pro verstorbener Person.
2. Zur Trauerfeier wird das Hotel einen Blumenstrauß beisteuern.
3. Abhängig von den Umständen des Todes, wird das Hotel einen Repräsentanten zur Beerdigung der verstorbenen Person entsenden.

Auf jene «Umstände des Todes» ging Artikel drei des Schreibens näher ein. In folgenden Fällen, so hieß es, nehme das Hotel von jeglicher Kondolenzleistung Abstand:

4. Tod durch den Missbrauch von Marihuana, Opium oder Schlankheitspillen
5. Tod infolge einer Schwangerschaft, einer Früh- oder einer Fehlgeburt
6. Tod durch Suizid

7. Tod infolge von Krankheiten, die durch den Kontakt mit Radioaktivität hervorgerufen wurden
8. Tod durch eine bakterielle Lebensmittelvergiftung

Während ich noch darüber nachsann, was diese Herberge im Laufe der Jahre erlebt haben musste, trippelte Natsumi heran und setzte sich mir gegenüber an den kniehohen Tisch. Sie hatte die Haare hochgesteckt und die Hotelgarderobe anprobiert, einen frühlingsgrünen Yukata. Aus der *hāfu*, einer Halben, war eine Kaiserin geworden, wenn sie auch nur die legere Variante des Kimonos trug. Mir selbst gab der weiche, weit geschnittene Baumwollmantel nichts Japanisches. Sosehr ich mich mühte, ich blieb darin ein Gaijin. Die Yukata der männlichen Gäste waren in minder lebensbejahenden Farben schattiert, was den wenigen Herren, denen wir auf den Fluren begegnet waren, eine ungesunde Blässe verlieh.

Wir logierten in einem Ryokan, einem klassisch japanischen Reisegasthaus mit Frühstück, Abendessen und einem Gemeinschaftsbad an der freien Luft auf dem Dach. Wegen der Erdbeben war es nahezu ausgestorben. Zwar seien hier, an der See, nur ein paar Ziegel von den Häusern gefallen, versicherte die Rezeption. Dennoch hatte das Gros der Gäste in Sorge storniert.

Alles Leben in unserem Zimmer spielte sich auf den Matten aus Reisstroh ab, die den Fußboden bedeckten. Der quadratische Raum befand sich im Wandel, wie der Tag. Noch tranken wir Grüntee in der kleinen Loggia und blickten ins Abendlicht über dem Meer, nur wir beide in der Intimität der Stube. Doch sobald wir aus der Tür gingen, um die Nacht zu erkunden, würde ein Dienstmädchen erscheinen, die wenigen Möbel beiseiteschieben, Futons ausrollen und die Kammer in ein Schlafzimmer verwandeln.

Die einzige Konstante war die Tokonoma, eine minimal erhöhte, dezent beleuchtete Bildnische. Darin stand eine Steinskulptur, und über ihr, an der papierenen Wand, saß eine Spinne. Ihr Körper und ihre haarigen, stricknadeldicken Glieder ragten halb aus einem Spalt hervor. Es war ein Anblick, der Sorge bereitete, denn schon diese Hälfte des Tiers wirkte groß wie eine Maus. Wir hatten es mit einer Riesenkrabbenspinne zu tun. Wenn diese Art ihre Beine ausstreckt, kann sie mühelos eine Spannweite von zwanzig, dreißig Zentimetern erreichen. Sie webt keine Netze, sie jagt ihre Beute, und ihr schlechtes Auge macht sie durch Tempo wett, nachts, wenn leidige Mitbewohner aus ihren Ritzen kriechen und es im Zimmer knackt und krittert und fräst. In einheimischen Haushalten soll sie nicht unbeliebt sein, frisst sie doch Grillen, Silberfischchen und selbst Gokiburi, die unvermeidlichen Schaben. Der Biss der Riesenkrabbenspinne ist für den Menschen nicht gefährlicher als ein Bienenstich, dennoch griff Natsumi bald zum Schnurtelefon.

Das Haus gab sich nicht sonderlich dogmatisch. Es hielt das alte Japan in Ehren, seine Strenge, seine Genügsamkeit, gestattete uns aber gewisse Annehmlichkeiten der modernen Welt, wie eine Minibar und einen Fernseher. So konnten wir eine Show verfolgen, in der eine Jury aus Prominenten darüber beriet, wie man die lästigen Gokiburi aus der Wohnung verbannt. Man solle den Rand eines Gefäßes mit Butter einstreichen und es vor dem Zubettgehen in eine Ecke stellen, riet einer, der wie ein Professor wirkte.

Noch effektiver sei es, den Kühlschrank oder die Kommode von der Wand wegzurücken und überall dort, wo es machbar sei, möglichst breite Spalten zu schaffen. Kakerlaken fühlten sich in Fugen von acht bis dreizehn Millimetern am wohlsten, hieß es, größere würden sie meiden.

«Und wie bringe ich sie um?», erkundigte sich der Transvestit unter den Prominenten.

«Wieso?», fragte der Professor. «Sind Sie jemals von ihnen angegriffen worden?»

«Na ja, manchmal springen sie mich an, wenn ich von der Arbeit komme, so wie ein Hund!» Der Transvestit schnellte hoch und trat wie von Sinnen auf dem Studioboden herum, als wolle er unsichtbare Krabbeltierchen zerquetschen. Die Regie rettete sich in die Miene einer Zuschauerin, die sich, ertappt und verlegen, beide Hände vor den Mund hielt.

«Aber haben die Tiere Sie gekratzt oder gebissen? Haben sie Ihnen je eine Krankheit übertragen?»

Der Transvestit hielt inne und lächelte irritiert.

«Also warum wollen Sie sie umbringen?»

Das Publikum applaudierte und kreischte, der Abspann kroch über den Bildschirm, die Werbung pries ein Haarwuchsmittel namens «Success», und es folgten die News. Der überraschende Austritt Großbritanniens aus der Europäischen Union wurde im Telegrammstil abgehakt. Nach dem Brexit widmete sich die Sendung einer Meldung aus der Landwirtschaft. Es ging um einen Monsterspargel, der irgendwo in Japan aus der Erde geschossen war und nicht mehr daran dachte, das Wachsen einzustellen. Mit einer Höhe von einem Meter und sechsundsiebzig Zentimetern übertraf er bereits den durchschnittlichen japanischen

Mann. Die Bäuerin, die ihren Zögling mit einem Zollstock vermaß, musste sich gehörig strecken. Ob sie den Spargel an das «Guinness-Buch der Rekorde» melden wolle, fragte eine Stimme. Darüber habe sie noch nicht nachgedacht, antwortete die Frau.

Zurück im Nachrichtenstudio, stellte sich der Moderator neben ein Modell des Gemüsegiganten in Lebensgröße. «Eeeeeeh?», rief seine Kollegin aus und legte die Hände auf die Wangen. Sie konnte es kaum glauben. Der Spargel überragte den Moderator um einen halben Kopf. Wo sollte das enden? Wie groß konnte dieser Godzilla unter den Asparagaceaen noch werden, und wie viele Speisen ließen sich aus seinem Stängel zubereiten? Diese grandiosen Spekulationen wurden von der Wettervorhersage unterbrochen, die nur zu berichten wusste, dass es morgen noch schwüler werde als in den Tagen zuvor.

Das war der zweite Grund für die Besucherflaute auf Kyūshū. Viele scheuten den Sommer auf der Insel, der den wenigen Gästen keine andere Wahl ließ, als in Würde zu vergehen. An milderen, friedlichen Tagen, wenn die Feuerberge schwiegen und die Erde ruhte, zog es Tausende in den Osten der Insel. Beppu, die Stadt, in der wir uns einquartiert hatten, sollte ein Ort der Genesung und des Seelenheils sein. Aber die Umgebung des Ryokans ließ anderes vermuten. Das Seeufer war asphaltiert worden, und der schmale Sandstreifen nahebei zeigte sich im Lichtkegel der Autos, die vorüberrauschten, verwaist und verschmutzt. Plastiktüten wehten im Meereswind über den Express Highway, der sich in zahlreichen Spuren die Küste entlangzog, vorbei an Tankstellen und Schnellrestaurants. Natsumi hatte mir von den «sieben Höllen» erzählt, für die

Beppu landesweit bekannt ist, sie schwärmte von heißen, wohltuenden Quellen. Hier allerdings, in der Peripherie, stießen wir erst mal auf Spielhöllen.

Aus dem «Las Vegas» drang archaischer Lärm. Laserschüsse mischten sich mit Rennwagengeheul, metallischer Kugelhagel mit synthetischem Mädchengekreisch, J-Rock dröhnte wie ein Düsenflugzeug durch die Halle, während Dutzende kettenrauchende Männer im Dauerfeuer epileptisch blinkender Automaten auf Tasten hämmerten, als gäbe es kein Morgen. Sie krümmten sich wie Fließbandarbeiter vor Hybriden aus Videospiel, klassischer Slotmaschine und Flipper. Im Unterschied zu einer Runde am Flipperautomaten wird Pachinko jedoch mit mehr als nur einer Kugel gespielt. Es waren Hunderte, die gleichzeitig über die flirrenden, exzessiv piepsenden Tableaus sausten und irgendwann, so es die Götter wollten, in eine Wanne unter den Geräten prasselten.

Das Spiel um Geld ist offiziell untersagt. Es gibt in Japan keine Kasinos, und Wetten, wie auch die Lotterie, werden staatlich kontrolliert. Aber das Laster findet immer einen Weg. Wer seine Lust an der Sinnesbetäubung befriedigt hatte, tauschte die erspielten Kugeln in Sachpreise ein, die den Wert von zehntausend Yen nicht überschreiten durften. Dazu zählten Schokoriegel, Feuerzeuge, Kuscheltiere, aber auch winzige Silber- und Goldbarren, die sich in einer stillen Ecke außerhalb der Halle in Bares verwandeln ließen. Pachinko ist eine Milliardenindustrie, und es gibt nicht wenige, die behaupten, sie sei fest in nordkoreanischer Hand.

Die einzigen Wellnesscenter, die wir entdeckten, hießen «Pink House» und «Club Amour» und verbargen sich hinter blind verglasten Stockwerken über der Einkaufsmeile. Der Abend war noch immer jung, die Lautsprecher in den Gassen spielten «Moon River», und ein ergrauter Dandy mit Panamahut, Knittersakko und flamingofarbener Leinenhose torkelte einsam die Ladenzeilen entlang. Hinter ihm senkten sich die Rollgitter bis zu den müden Zehen der Kassendamen, die ein Schlüsselbund in den Fingern balancierten.

«Gott», Natsumi lehnte sich an meine Schulter, «was soll ich denn hier machen?»

«Ich schätze, du sollst dich entspannen.»

Es war keine schöne Beerdigung, mit der unsere Kur am Morgen begann. Der Totenacker unter dem Sonnendach, irgendwo an der Uferlinie, ließ mich an Feuerbestattungen denken, wie ich sie in Indien beobachtet hatte. Damals roch es auf schaurige Weise vertraut – die menschlichen Überreste, die in der Asche schwelten, dufteten wie ein Barbecue. Diesmal lagen Salz und Schweiß in der Sommerluft. Ich blickte sorgenvoll in die Grube, die Helferinnern ausgehoben hatten. Dann legte ich mich hinein, und sie nahmen ihre Spaten zur Hand, um mich bis zum Hals in nassem, dampfendem schwarzem Vulkansand zu vergraben. Das Sandbad soll die Durchblutung der Haut fördern und den Kreislauf in Gang bringen. Schon bald brennen Arme und Beine unter der Last, während der Puls beschleunigt und die Lunge um Atem ringt.

Doch die eigentliche Prüfung durchläuft der Geist. Lebendig begraben zu werden ist das eine, und es gibt angenehmere Erfahrungen. Aber dabei zusehen zu müssen, wie sie Natsumi an meiner Seite verscharrten, war etwas gänzlich anderes. Während Schippe um Schippe auf ihrem

Körper landeten und sie die Lider schloss, erschienen mir die Bilder von unserer Hochzeit vor Augen. Wer von uns beiden würde sie eines Tages halten und trauern? Lass mich nicht derjenige sein, dachte ich.

Währenddessen dachte Natsumi vielleicht nur an die nächste Mahlzeit. Das Frühstück im Ryokan zielte darauf ab, den Magen der Gäste so reichlich zu füllen, dass sie möglichst bald wieder in den Schlaf fielen. Eine Misosuppe und ein Schüsselchen Reis gesellten sich zu getrockneten schwarzen Algen, Tofu, Sashimi, Joghurt, eingelegtem Rettich, Rüben, Chinakohl, Gurken, Auberginen und Tamagoyaki, der japanischen Interpretation des Omeletts. Ich briet einen weißlichen, grätenreichen Fisch über dem Tischfeuer und hätte ihn genießen können, wäre da nicht die Gruppe gewesen, die sich hinter mir verlustierte. Dass die Männer grunzten und mit vollem Mund redeten, konnte ich tolerieren. Genauso wenig störte es, wie sie vereint ihre Suppe schlürften. Inzwischen hatte ich mir diese Technik selbst angeeignet und bildete mir ein, die Zutaten und Gewürze so noch intensiver zu erleben. Einer von ihnen schniefte jedoch so hemmungslos laut, dass ich das Sekret, das er beständig durch Nasengang und Rachen zog, beinahe auf der Zunge schmecken konnte. «Willkommen in der Provinz», sagte Natsumi und pustete über ihren Earl Grey hinweg, den sie mit der einheimischen Wortschöpfung «Ārugurei» bestellt hatte. Es gilt als unfein, sich während des Essens mit einem Taschentuch zu schnäuzen, aber diese Lösung war eher eine Strafe als ein Zeichen von Tischkultur. So machte ich mich auf, einen Gefährten zu besuchen, der in einer Kanne auf einer halbwarmen Herdplatte döste.

Japan ist kein Land des Kaffees. Er wird allenfalls geduldet, und in diesem Etablissement wurde er besonders stiefmütterlich behandelt. Die Kellnerinnen vermieden es, den wenig heilsamen Wachmacher bei Tisch zu servieren, und wiesen auf die Bar. Ich schenkte mir bis knapp unter den Rand der Tasse ein, und etwas Kaffee schwappte auf den Unterteller, als mein Blick an zehn knochendürren Fingern hängen blieb. Fünf davon ruhten an der Kante des Tresens. Zwei weitere hielten eine Zigarette vor ein blutleeres Paar Lippen, und die drei restlichen deuteten auf einen Japaner, der sein Morgengesicht hinter dem Bart von Frank Zappa verbarg. Seine fahlen Züge und seine Zauselhaare, die er auf dem lichten Hinterkopf zu einem Zopf gebunden hatte, wirkten wie eine Reprise der halb verwaschenen Muster auf seinem Yukata. Er zog gleichgültig am Tabak und schien die Welt um sich herum zu ignorieren. Ich war nicht sicher, ob er von mir Notiz nahm, als ich ihm ein Nicken und ein halbes Lächeln im Vorübergehen schenkte.

Inzwischen hatte sich die Gruppe um den schniefenden Tischnachbarn aufgerafft, und mit ihnen hob sich auch unsere Stimmung. «Höllenhopping» nannte Natsumi das, was uns bevorstand – ein Tag, sieben brodelnde Quellen. Sie fühlte sich nun genug entschleunigt.

Als wir aufbrachen, wollte mir der Langhaarige im Yukata nicht so ganz aus dem Kopf gehen. Noch immer verweilte er an der Kaffeebar und rauchte vor sich hin. Auf eine Weise fühlte ich mich ihm nah, auf eine zweite war er mir fremd und auf eine dritte sogar unheimlich. Wenn er zu den Dämonen von Beppu zählte, musste er sich verirrt haben. Hieß es doch, dass die Geister in den Hügeln oberhalb der Küste hausen, in einer Berggegend, die Kannawa genannt wird und in früheren Zeiten lieber gemieden wurde. Sie galt als verflucht, und noch heute wirkt sie surreal wie die Träume von Dalí. In den engen, auf- und absteigenden Gassen riecht es nach feuchter Erde und faulen Eiern. Schwefeldampf dringt aus Winkeln, Furchen und Rissen, die den Boden teilen, und verwandelt so manchen Baum zwischen den Häusern in eine Spukgestalt. Die Schwaden steigen aus der Tiefe auf, wehen durch das Blätterdach, und wenn es windstill ist, stehen sie in weißen Säulen über den Häusern, als hätte man einen Dschinn aus der Flasche gelassen. Den Zauber machen sich die Menschen dieser Tage zunutze. Sie atmen ihn ein, sie baden Hände und Füße darin, sie verwenden ihn sogar, um Speisen zu garen.

«Verzeihung», sagte die Hüterin einer heißen Quelle und hielt uns auf. «Der Geysir ist noch nicht so weit.» Die Frau am Ticketschalter entschuldigte sich, als gehe es um einen ranghöheren Kollegen, der sich hinter den Kulissen frisch machen musste, und tatsächlich gluckerte der Geysir nicht im Freien, sondern in einem Hinterhof. Er war nur über einen Andenkenladen zu erreichen. Sie bitte um Verständnis, nickte die Dame, die Springquelle benötige noch fünfundzwanzig Minuten. Ob wir nicht besser die Zeit nutzen wollten, um die erste Hölle von Beppu zu bewundern. «Chinoike Jigoku», direkt gegenüber, was aus ihrem Munde warm und herzlich klang, beinahe wie Poesie. «Blutteich», übersetzte Natsumi.

Es war ein dampfender, karmesinroter Weiher. Der Gedanke, dass darin Gefangene gefoltert und zu Tode gekocht wurden, wie manche behaupten, gefiel mir auf eine Art. Die Geschichte war zwar unglaubwürdig, aber sie passte hervorragend zu diesem Anblick, der von dem unheilvollen Surren der Zikaden begleitet wurde. Vielleicht suchte ich nach etwas, das dem Ort eine Seele gab, mochte es auch eine dunkle sein. Ich hatte die Schriften eines buddhistischen Priesters gelesen, der die Höllen von Beppu gerade deshalb schätzte, weil er sie so grauenerregend fand. Jedes Menschenwesen müsse einmal in diesen Schlund des Totenreichs geblickt haben, schrieb er, um sich selbst darin zu erkennen. Den Pfad, den man zurückgelegt habe, und den, der noch vor einem liege. Doch all das Chichi, das den Blutteich seither begleitete, machte es schwer. Er war sauber umzäunt wie ein englischer Vorgarten, am Ufer hatte man einen Teufel aus Pappkarton aufgestellt, und gleich nebenan wurden die Schrecken der Hölle in Tiegeln und Döschen zum Kauf angeboten. Der Untergrund der Quelle besteht aus eisenhaltigem Ton, und als Creme aufgetragen soll er gegen Hautleiden wirken.

«Achtung!», rief eine kieksende Lautsprecherstimme, kaum waren wir zurückgekehrt. «Der Geysir wird in fünf Minuten ausbrechen!» Man möge sich bitte hinsetzen, zur eigenen Sicherheit. Die drei anderen Touristen, die den Hinterhof mit uns betreten hatten, folgten der Anweisung träge, und Natsumi hockte sich zu ihnen in den Schatten. Ich blieb direkt vor dem Geysir stehen, denn die rostfleckige Zuschauertribüne wirkte bedrohlicher als die Sehenswürdigkeit selbst. Man hatte um das Wunder der Natur herum ein zwei Meter hohes Höhlengewölbe gemauert. Als wäre das noch nicht demütigend genug, wurde es von signalroten Pylonen und einem Baugerüst flankiert, denn der Souvenirladen bekam einen frischen Anstrich.

Nach exakt dreihundert Sekunden regte sich etwas

im Erdboden unterhalb des Felsentors. Zunächst war es nur ein zaghaftes Blubbern, dann folgte ein Zischen, und schließlich kämpfte sich ein Strahl empor, dem man Mut machen wollte, so schwer tat er sich. In seinem Elend glich der Geysir einem Greis, der mit dem Wasserlassen seine liebe Not hatte. Unter verhaltenem Applaus gelang es ihm nach einer Weile zwar, die zementierte Decke seines Gefängnisses zu berühren. Doch sie degradierte ihn zu einem Springbrunnen. Die Fontäne prallte daran ab und löste sich, aller Illusionen beraubt, in eine feuchtwarme Wolke auf.

«Diese Mauer wurde gebaut, um zu verhindern, dass der Geysir unkontrolliert ausbrechen kann», erklärte die automatische Stimme, während der Nebel das Publikum von den Rängen vertrieb. Die Touristen wagten es nun ebenso, an die gebrochene Wassersäule heranzutreten. Sie ließen sich mit ihr fotografieren, als hätten sie einen Löwen erlegt. «I look like a Gentleman» war auf dem T-Shirt der einen zu lesen. Die Stimme aus dem Lautsprecher setzte währenddessen ihren Vortrag fort: «Hätte man den Geysir nicht gezähmt, würde seine Fontäne mehr als dreißig Meter hoch in den Himmel schießen und damit alle heißen Quellen von Island übertreffen.» Es war ein Glanzstück japanischer Logik: Der vorstehende Nagel wird eingehämmert. Selbstverständlich hatten sich auch die Naturgewalten an die Regeln der Gemeinschaft zu halten, und warum sollte man einem Geysir mehr Platz zugestehen als einem Menschen?

Die «Meereshölle» leuchtete türkis wie die See vor Okinawa. Die «Ofenhölle» wechselte ihr Kolorit von Zeit zu Zeit, und Schwefeleier kochten darin. In den Schlammlöchern der «Mönchshölle» sorgten die aufsteigenden

Gase für kleinere und größere Blasen. Sie erinnerten tatsächlich an die Tonsur eines Ordensbruders und gleichermaßen an einen nahen Verwandten. «Hage-san!», rief Natsumi und deutete auf den blubbernden Schlick. Die «Weiße Hölle» schimmerte milchig blau. Aus ihrer Mitte erhob sich ein feenhafter Schleier in den japanischen Garten, der sie umwuchs. Sie wäre die himmlischste unter den Höllen, gäbe es nicht die Baracke am Ufer. Dort standen Bassins, die mit dem Nebelwasser der Quelle gefüllt waren, und als Natsumi sachte an die Glaswände pochte, zeigten sich ihre Bewohner. Es waren Arapaimas aus dem Amazonasgebiet, meterlange Süßwasserfische, wohl hundert Pfund schwer, die man als Attraktion nach Beppu geholt hatte. Die Tiere konnten sich in ihren Aquarien kaum bewegen. Sie waren isoliert. Keine Pflanze, nicht einmal einen Stein gab es in ihrem Becken. So pressten sie sich an die Scheiben und starrten mit großen, menschlichen Augen.

Auch in der «Berghölle» schien jedes Geschöpf sein Ende herbeizusehnen, selbst die beschäftigungslosen Eisverkäuferinnen und der Zeitung lesende Kartenabreißer in seinem Häuschen. Er wachte über einen zynischen Zoo. Während diffuse, sengend heiße Schwaden über den Hängen emporstiegen, hatte es ein Nilpferd aufgegeben, sich in seinem drei mal drei Meter breiten Brackwasserbecken zu wenden. Eine Sippe Rotgesichtmakaken schrie nach Wasser, Affe an Affe, gepfercht in einen Gitterkäfig. Ein einsames Pony fristete sein Leben in der Sonnenhitze, abgemagert bis auf die Rippen. Es war das hässliche Gesicht einer Kultur, die Katzen wie Götter verehrt, die ihnen Schreine und Cafés widmet, die sie manchmal wie einen

Ersatz für ein Baby hält – und sie zugleich zu Tausenden einschläfern oder vergasen lässt, wie es Tierschutzvereine beklagen. Werden japanische Haustiere alt und krank, enden demnach viele von ihnen in einem Heim, wo man sie, gemeinsam mit den Streunern und den unverkauften Hündchen und Kätzchen aus den Pet Shops, nach einigen Tagen entsorgt. Der Flanierweg durch die Höllen von Beppu führte mitten hinein in das mitleidlose, das gefühlskalte Japan der Waljäger und Tierquäler.

Wen kümmerte noch die Farbe der Quellen in der siebten und letzten Hölle, Oniyama-jigoku, der Hölle des Teufelsbergs. Der Schwefeldampf trieb an diesem Ort mit solcher Kraft aus dem Erdreich, dass er angeblich eine Lokomotive bewegen und mehrere Waggons hätte ziehen können. Ich stieß dort auf ein Schild in englischer Sprache: «Happy Home». Es war bestenfalls ein Euphemismus. Die Krokodile, die man hier seit den zwanziger Jahren züchtete, lagen auf einer Betonfläche kreuz und quer übereinander und vegetierten im Elend ihrer Exkremente. Es sei ein reinigender Prozess, die Höllen von Beppu zu betrachten, hatte der buddhistische Gelehrte geschrieben. Die Erfahrung, dass ein falscher Schritt genüge, um für immer unterzugehen, setze überflüssige Energien und viel zu lang aufgestaute Gefühle frei. In meinem Fall war es Wut. Schiere Wut, die aus einer siedenden Quelle im Inneren aufstieg. «Brecht aus!», wollte ich den Krokodilen zurufen und stellte mir vor, wie sie ihre Zäune zerbissen, wie sie ihre Wärter fraßen, wie sie sich über die Eisverkäuferinnen hermachten, wie sie durch die Pachinko-Hallen, die Puffs und den gesamten morbiden Badeort marodierten, alles zermalmten und verschlangen und sich hemmungslos vermehrten, bis die Höllen wieder Höllen waren und der Geysir dreißig Meter hoch in den Himmel schoss.

Auf der Strandpromenade hockten Raben, als wir in der Dämmerung zurückkehrten. Wir hatten Highballs gekauft, um unseren Aufenthalt etwas zu beleben. Keine Hölle dauert ewig, und auch eine Kur geht vorbei. Während sich Natsumi an der Rezeption nach unserer Freundin, der Riesenspinne, erkundigte, tat ich das, was man so tut, wenn man nichts zu tun hat. Ich ging in der Halle auf und ab, strich mit den Fußspitzen über die Wellen der Teppiche, zählte die herrenlosen Sessel und kam auf neunundzwanzig. *Sommer an der See. So viele Sessel warten. Neunundzwanzig frei.*

Aus dem dreißigsten, einem kardinalroten, mit Lederimitat bezogenen Freischwinger, stieg Rauch an die getäfelte Decke auf. Fünf Finger ruhten auf der Sitzlehne, zwei hielten eine Zigarette, und die anderen drei zeigten auf einen aschgrauen Altbekannten, der auf den Parkplatz hinter den Fenstern starrte. Er bewegte sich kaum in seinem Yukata. Wozu auch? Wer weiß, vielleicht saß er seit dem Frühstück hier, um die Zeit vergehen zu lassen. In welcher Hölle dieser Mann auch gefangen war, er kam mir darin ähnlich verloren vor wie die Kreaturen in ihren Käfigen. Da saß er und rauchte seine Stunden, bis er einmal loslassen und auf den klammen, handgewebten Grund der Lobby sacken würde. «Kommst du?», rief Natsumi.

Jeder Tag im Ryokan endet mit einem Bad. Das gemeinschaftliche Onsen war, wie üblich, nach Geschlechtern getrennt. Ich ließ Yukata und Wäsche in einem Kleiderkorb und hielt mir, als ich das Dach betrat, ein winziges weißes

Handtuch vor die Scham. Nicht angstvoll, nicht peinlich berührt, sondern mit Stil, wie es der zweite Gast tat, dem ich nachging. Der Japaner ließ das Stück Stoff schwungvoll seinen Bewegungen folgen, elegant wie ein Bühnenmagier, der es versteht, sein Tuch in jeder Sekunde der Show an die entscheidende Stelle zu halten.

Bald fanden wir uns in der Hocke wieder, Seite an Seite, jeder auf einem hölzernen Schemel von der Größe eines Schuhkartons – vor uns ein Spiegel, unter uns ein Hahn, aus dem lauwarmes Wasser in einen Zuber lief. Darin schwamm das Handtuch in etwas Seifenlauge. Es war mein erster Besuch in einem Onsen, und um Fehler zu vermeiden, versuchte ich, dezent dem Beispiel des anderen zu folgen. War der Zuber voll, so kippte er sich das Seifenwasser über den Kopf und begann, sich mit dem nassen Textil abzuschrubben. Zunächst das Gesicht, dann den Oberkörper, die Beine, die Achseln, die Intimzone und schließlich die empfindlichen Räume zwischen den Zehen. Wir saßen dabei eng beieinander, und um den Blick von meinem Nachbarn fernzuhalten, fixierte ich mein Spiegelbild. Es war ungewohnt, sich so bewusst zu betrachten. Zu sehen, wie das Handtuch eine Geheimratsecke freilegte, wie es durch eine unerwartete Bauchfalte fuhr, wie es seltsam hysterische rötliche Flecken auf den Schultern hinterließ. Ich war bald vierzig und wusch einen alternden Mann.

Man möge das Handtuch nun in kaltes Wasser tauchen, besagt die reine Lehre, um es sich zur Kühlung auf die Stirn zu legen, während man in der Hitze des Onsen entspannt. Wer das tut, entlarvt sich wohl als Anfänger. Mein Nachbar jedenfalls dachte nicht daran. Auch der zweite Herr, der nun die Terrasse betrat, legte keinen gesteigerten Wert auf

Etikette. Anstatt sich ausgiebig zu reinigen, um ja nicht das Bad zu besudeln, schüttete er sich einen leidlich gefüllten Zuber über den Leib, bevor er zu uns ins Wasser stieg. Es dauerte nicht lang, da erhoben sich beide wieder. Der eine verschwand in der Garderobe. Der andere spazierte tropfend an die Dachkante, immer seinem Handtuch nach, und sah mit blankem Hintern über das Meer, als noch ein dritter Herr erschien.

Dieser Reisegast legte seinen Yukata nicht ab. Er schlurfte in eine Ecke, kaum einen Meter neben dem Nackten, doch die beiden wechselten kein Wort. Bald ruhten fünf Finger auf der Brüstung, zwei hielten eine Zigarette, und die drei verbliebenen zeigten auf mich in meinem Becken, als wollten sie mir etwas sagen. Der fremde Freund drehte sich nicht um. Er stand einfach da und rauchte, wie er es immer tat. Sein Gewand, das fester gezurrt war als am Morgen, und sein Haar, das er nun offen trug, wehten im Wind, der mit dem Abend aufkam, und das ausgehende Licht des Tages schmeichelte ihm. Nicht auf eine zärtliche Weise. Er wirkte darin wie ein Krieger, mochte sein Kampfeswille auch erloschen sein. Gab es jemanden, für den er noch in die Schlacht ziehen würde? Hatte er eine Frau, so wie ich, die hinter dem Paravent badete, auf der anderen Seite des Daches? Oder hatte er sie schon vor langer Zeit verloren? War er Vater von Kindern, oder würde niemand an seinem Sterbebett wachen, eines Tages, wenn seine Zeit gekommen war? Gerne hätte ich Worte mit ihm geteilt. Weil ich es nicht konnte, schenkte ich ihm zumindest einen Namen. Ich nannte ihn den letzten Samurai.

DREIẞIG JAHRE AN EINEM TRESEN

KAGOSHIMA

Wer viel Zeit miteinander verbringt, der wird sich ähnlich. Das gilt für Hundebesitzer wie für Ehepartner. Mit den Jahren, sagt man, gleichen Paare ihre Mimik an, und so entwickeln sie langsam, aber sicher verwandte Gesichtszüge. Der ältere Herr, der uns von Kagoshima Station bis in den Ortskern chauffierte, war noch einen Schritt weiter. Er schien organisch mit seinem Taxi verwachsen zu sein. Sein silbriges Haar korrespondierte mit dem Grauschleier der Häkeldeckchen auf den Kopfstützen, seine Handrücken hatten das Lederbraun des Lenkrads angenommen, und sein Aftershave hing nussig-süßlich in den Polstern, als wären Mann und Maschine eins. Er habe Kagoshima noch kein einziges Mal verlassen, lachte er, nein, er sei nie über die Grenzen seiner Heimat hinausgekommen, und so wie es aussah, galt diese bemerkenswerte Treue auch seinem Wagen.

Der Fahrer sprach mit Akzent. In meinen Ohren klang er eher chinesisch als japanisch, und Natsumi hatte ihre Mühe, seinen Geschichten zu folgen. Das Trommelkonzert der Tropfen, die auf das Autoblech niedergingen, machte es nicht leichter. «Was erzählt er dir?», drängelte ich, denn obwohl ich kaum ein Wort verstand, war mir der Herr doch auf angenehme Weise nah. Ironische Charaktere erkennen einander, egal, woher sie kommen, und dieser Herr schien ein Freund der gutherzigen, feinsinnigen Pointe zu sein, veredelt mit einer Prise Sarkasmus.

«Er wundert sich, dass es so stark gießt», erklärte Natsumi. Im Radio sei bereits von Schlammlawinen die Rede. Am Nachmittag solle der Regen noch heftiger werden, am Abend besonders heftig und morgen dann, ab Mittag, nicht mehr ganz so heftig, aber nach wie vor heftig genug, um uns gehörig auf die Nerven zu gehen. «Nur eins ist sicher, sagt er: Der Regen wird unter keinen Umständen aufhören. Zumindest nicht, solange wir in Kagoshima sind.»

Wir hatten es mit dem ersten echten Taifun des Sommers zu tun. Auf seiner Reise nach China streifte er den gesamten Westen des Landes, und seine Ausläufer wirbelten seit der vergangenen Nacht wie Gespenster über Kyūshū. Während unseres Morgenmahls hatten sie das Ryokan umtost, und danach waren sie dem Shinkansen gefolgt, bis hierher, in den äußersten Süden der Insel. So wirkte dieser Nachmittag düster wie die Dämmerstunde, und die Bilder hinter den Taxifenstern schimmerten mal rot und mal grün, weil das Regenwasser die Lichter der Straßen reflektierte.

«Shōganai!» Der Weißhaarige lupfte vergnügt die Brauen und lugte schelmisch in den Rückspiegel, als wüsste er genau, was wir gerade beredet hatten.

«Da kann man nichts machen», übersetzte Natsumi.

Es heißt, dass die Einheimischen in dieser Gegend überaus liebenswert seien, noch gewinnender als anderswo. Liegt es an den Hollywoodpalmen, die zu beiden Seiten der Wege wachsen? Liegt es an den milden Wintern? Am fettarmen Essen? Oder daran, dass die Bewohner von Kagoshima den eigenen Untergang vor Augen haben, wohin auch immer sie gehen? Verglichen mit den japanischen Millionenmetropolen ist die Stadt ein Nest, und an gnädigeren Tagen musste sie noch kleiner wirken. Dann, wenn der Himmel ein Fenster öffnete und sich dahinter der Riese zeigte, der jedes Haus überragt.

«Wo gibt es das sonst?», rief der Fahrer und brauste so beschwingt durch die Pfützen am Straßenrand, dass das Wasser bis an die Scheiben spritzte. «Wo auf der Welt sind die Leute so verrückt wie hier? Wer lebt schon freiwillig unter einem Vulkan?»

Natsumi sah davon ab, ihm von Neapel zu erzählen. Der Vergleich hinkt ohnehin: Während der Vesuv seit Jahrzehnten friedlich auf dem italienischen Festland schlummert, erhebt sich der Sakurajima wie ein japanisches Filmungeheuer aus der schmalen, lang gestreckten Bucht vor der Stadt. Trotz des lieblichen Namens, den man mit «Kirschblüteninsel» übersetzen könnte, hatte der Vulkan erst in jüngster Zeit international für Schlagzeilen gesorgt. Er liegt gefährlich nah an einem Kernkraftwerk. Nach der Katastrophe von Fukushima hatte man es stillgelegt, wie alle anderen im Land, doch kaum war es wieder in Betrieb genommen worden, quollen Lavaströme aus dem Krater, begleitet von einer Aschewolke, in der Blitze zuckten.

«Sie könnten den Burschen von hier aus sehen ...» Unser Freund deutete ins Trübe und hielt für einen Wimpernschlag inne, die Macht der dramaturgischen Pause nutzend: «Wenn man ihn denn sehen könnte!» Tatsächlich reichte die Sicht kaum bis zu den Rücklichtern des Autos, das sich vor uns einen Weg durch den Regen bahnte. Der Mann hatte schon recht. Das Szenario war allein mit Galgenhumor zu ertragen, und so fasste er es auch nicht als Beleidigung auf, als Natsumi ihn fragte, was wir in seiner Heimat bloß mit all der Zeit anstellen sollten. Sein Blick sprang zwischen ihr und dem stockenden Verkehr vor den Scheibenwischern hin und her, während er mit dem Arm die Bewegungen eines Fisches nachahmte. «Wenn sich Gäste hierher verirren, bringe ich sie normalerweise runter zur Fähre. Aber bei diesem Wetter bleibt nur das Meeresaquarium.» Seine Hand schwamm zurück ans Steuer. «Gomen nasai», sagte er, tut mir wirklich leid. «Shōganai», winkte ich ab, noch bevor Natsumi dolmetschte, da kann man nichts machen, und es war eine Lust, zu erleben, wie der freundliche Herr die letzte Zurückhaltung ablegte und unbekümmert grinste.

Es war aber auch klar, dass es mehr als einen Taifun brauchte, um den Ehrgeiz meiner Frau zu bremsen. Natürlich standen wir wenig später an der Hafenkante, nur wir zwei unter einem Schirm, der zwar vor dem Regen, aber nicht vor Desillusion schützte. Natsumi war nach Kagoshima gekommen, um den Vulkan zu sehen, und nun starrte sie ins Nichts. Zu erkennen waren nur die Häuschen am Ufer vis-à-vis und schwarzgrüne konturlose Hänge, die sich über den Dächern ins Ungewisse erhoben. Hin und wieder wirkte es, als würde sich der Nebel lichten, und etwas Hoffnung keimte auf. Dann aber senkte sich der Schleier wieder über die Insel und verschluckte noch mehr von ihr, bis sie schließlich ganz vor unseren Augen verschwand.

Der Feuerberg lauerte unter der Wolkendecke wie ein Reptil im Wasser. Wie weit reichte sein Gipfel in die Höhe, und was kochte in den Tiefen darunter? Es scheint keine Woche zu vergehen, in der er schweigt. Achthundert Eruptionen erlebt die Stadt im Laufe eines Jahres, womit der Sakurajima zu den aktivsten Vulkanen der Erde zählt. Meistens knallt und scheppert es nur, bevor Geröll und Bimssteine fliegen. Die Brocken zerschmettern Dachpfannen, verbeulen Motorhauben, und hin und wieder treffen sie einen Bauern auf den Feldern rings um den Berg. In seltenen Fällen erreichen die Geschosse einen Durchmesser von einem Meter, doch letztlich sind sie wohl eher ein Ärgernis als eine ernsthafte Bedrohung.

Verdrießlicher wird es, wenn der Hausberg seine Asche aushustet, was er in den vergangenen Monaten häufiger getan hatte. Dann steigt eine Rauchfahne vier, fünf Kilometer hoch auf, und bei ungünstigen Winden geht die Asche wie pulvrig feiner Schnee über Kagoshima nieder. An diesen Tagen nehmen die Menschen ihre Wäsche von den Balkonen, und wenn sie aus der Tür gehen, halten sie sich ein Tuch vor den Mund. Der Himmel verdunkelt sich, die Luft schmeckt nach Ruß, die Stadt wird von staubgrauem Puder überzogen, und bald fegen Putzfahrzeuge durch die Straßen.

Trotz alldem hegen die Einwohner eine gewisse Zuneigung zu ihrem Feuerberg, denn er gibt Kagoshima ein Gesicht. Der Ruch der Gefahr verleiht der Stadt ihr Charisma, und jede noch so kleine Explosion, heißt es, versprühe auch einen Funken Gutes. Wenn Sakurajima-san von Zeit zu Zeit seinen Ärger ablasse, halte ihn das zumindest davon ab, Schlimmeres anzurichten. Was die Leute meinen, zeigt das bekannte Schreintor von Kurokami im Osten der Insel. Die steinernen Pfeiler sind so tief im Ascheboden versunken, dass nur noch die beiden Querbalken herausschauen. Ganze Dörfer waren während des letzten massiven Ausbruchs verschüttet worden. Das flüssige Gestein strömte monatelang aus dem Krater und schuf sogar eine Landbrücke, die den Vulkan mit der Halbinsel Ōsumi verknüpfte. Wissenschaftler vermuten, dass sich eine solche Eruption alle einhundert Jahre ereignet, und das Inferno lag mittlerweile einhundertundzwei Jahre zurück.

Wir standen im Bug des Fährboots, oben an Deck, als es im beschaulichen Hafen der Kirschblüteninsel anlegte. Nur wenige Leute warteten am Kai, ein Herr mit einer Schiebermütze, eine Dame mit einem melonengelben Schirm und zwei, drei Schichtarbeiter. Entgegen der Prophezeiung des Taxifahrers hatte der Regen während der Passage ausgesetzt, und so machten wir uns bald auf die Suche nach einem Wanderpfad, der über Lavafelder zu einem Aussichtspunkt führen sollte, an dem sich wilde Katzen herumtreiben. Die kleine Touristeninformation im Fährhaus war geschlossen, und entlang der Uferstraße begegnete uns niemand, den wir nach dem Weg fragen konnten.

Zwanzigtausend Menschen sollen einmal im Schatten des Kraters gewohnt haben, doch kaum jeder Vierte ist geblieben. Die Töchter und Söhne dieser Wagemutigen gehen mit Helmen zur Schule. Wenn es grollt und rumort, suchen sie Schutz in einer der künstlichen Höhlen, die über die Insel verteilt sind, oder sie flüchten in ein Evakuierungsgebäude und kauern dort, die Hände über dem Kopf verschränkt, bis Rettung naht. Das ist der Preis, den die

Kinder des Vulkans zahlen. Und ihr Lohn? Er liegt zu ihren Füßen. Der Mutterboden, den die Asche beständig mit Kalium, Calcium und Phosphor düngt, erweist sich als so fruchtbar, dass darin die gewaltigsten Rettiche gedeihen, die auf dem Planeten zu finden sind. Manche von ihnen sollen einen halben Zentner auf die Waage bringen und größer sein als Medizinbälle.

Sie habe sich diesen Streifzug romantisch vorgestellt, gestand Natsumi. Sie und ich, vereint unter dem feuerspeienden Berg, während die Dämmerung purpurn glüht. Doch nicht das Feuer, sondern das Wasser brachte uns näher. Es dauerte keine zehn Minuten, da senkte sich der Nebel erneut von den Hängen herab, Niesel setzte ein, und wir fanden uns unter dem Pagodendach eines winzigen Schreins wieder, der sich zwischen die Rotkiefern an den Vulkanhängen duckte. Die Schwaden glitten wie Finger durch die Wälder, sie griffen nach jedem Ast und bäumten sich auf, als wollten sie uns zurück in den Hafen scheuchen. Es fehlten nur die Pferdehufe, die Kampfesschreie und Hörner, um die Szene zu vollenden, an die ich dabei denken musste.

«Last Samurai» ist ein fabelhafter Film, obwohl er die japanische Historie von der ersten bis zur letzten Minute verdreht. Natsumi nannte ihn sogar «idiotisch» und wurde nicht müde zu erwähnen, dass er größtenteils in Neuseeland gedreht worden war. Und dennoch werde ich niemals den Moment vergessen, in dem die Samurai in Slow Motion aus der Nebelwand auftauchen, das Katana in der Rechten, die Zügel in der Linken und eintausend Jahre in den nachtschwarzen Augen. Sie tragen Helme mit Geweihen, Harnische vor der Brust, Schreckensmasken im

Gesicht und stoßen auf Männer in Uniform, die ihre Karabiner vor Angst kaum halten können. Ein Anführer namens Katsumoto erhebt sich gegen Kaiser Meiji, der den verfluchten Westen hofiert und den Kriegeradel zwingen will, das Schwert niederzulegen und den Haarknoten abzuschneiden. Die Seele Japans gegen Feuerwaffen und Eisenbahnen, gegen Dampfschiffe und Telegraphenmasten, gegen Stock und Melone und all die Verkommenheit, die das ach so moderne Leben mit sich bringt.

Im letzten Akt des Films reitet Katsumoto in den Kugelhagel einer rotierenden Maschinenkanone. Mit Gewehren zu kämpfen erachtet er als unehrenhaft. Er gehört nicht mehr in diese Zeit, oder die Zeit gehört nicht mehr zu ihm, also wählt er die Agonie. Sein historisches Vorbild, Saigō Takamori, der wahre letzte Samurai, starb auf ähnliche Weise, ganz in der Nähe, auf einer Anhöhe über Kagoshima. Doch anders als Katsumoto war der Koloss mit den buschigen Augenbrauen dem Fortschritt nicht abgeneigt, im Gegenteil. Es gibt Illustrationen, die ihn in westlicher Kleidung zeigen, und glaubt man den Quellen, betrachtete er das Schießpulver nicht als Frevel, sondern als Gewinn. Takamori, so ist es überliefert, zog allein deshalb mit der Klinge ins Gefecht, weil ihm die Munition ausgegangen war. Er wurde schließlich schwer an der Hüfte getroffen, und um nicht in die Hände des Feindes zu fallen, befahl er einem Getreuen, ihn auf dem Schlachtfeld zu enthaupten.

Japan liebt seine Rebellen, dachte ich, als wir die Suche nach dem Wanderpfad aufgegeben hatten und wieder auf die Fähre stiegen. Zumindest liebt es sie, wenn sie nicht mehr unter den Lebenden weilen. Takamoris bronzene

Statue verharrte an diesem Tag einsam im Regen der Vulkanstadt.

Vielleicht aber wandelte sein Geist durch den verdunkelten Raum, in dem ich später auf einem Bänkchen hockte. Drei Wände blieben schwarz, doch aus der vierten, der breitesten und höchsten, leuchtete der Ozean. Ich sah einem Walhai dabei zu, wie er mit einem Schwarm tanzte, umkreist von Thunfischen und umschwebt von Teufelsrochen, die mit den Flügeln schlugen wie Vögel. Mich inspirieren diese Orte, und wann immer sich die Gelegenheit bietet, suche ich sie am Rande des Weges auf. Die Meeresaquarien von Sydney und Barcelona habe ich genossen wie ein kleiner Junge, genauso wie das ozeanographische Museum in Monaco-Ville, das in einem Anwesen auf einem Felshang wohnt, direkt über der Brandung. Es ist das Blau, das ich so liebe, weil es das Gemüt beruhigt, während die Sinne sanft in das Land der Träume gleiten.

Das Aquarium von Kagoshima war wundervoll. Die Lichtreflexe, das Farbenspiel der Korallen und die Wesen der See, die ihre Mantras in das Wasser malten. Doch in alledem lag ein Lebewohl. Über mir drehte der Walhai seine Runden, als würde er durch einen Himmel ziehen, und darunter, direkt vor der Scheibe, zeichneten sich zwei Silhouetten ab. Die eine gehörte Natsumi. Die andere einem Mädchen im Kleid, das aufgeregt von einem Bein aufs andere tapste, während seine Zöpflein links und rechts über den Segelohren wippten. Es trug Pantoletten, deren Sohlen bei jedem Schritt einmal quietschten und zweimal blinkten.

War das die Zukunft, die mich erwartete? War ich der

Hai hinter dem Glas? Das wilde Tier, das in den Ozean strebte und sich künftig mit einem wohligen, aber begrenzten Becken begnügen musste? Ich wollte nicht der letzte Samurai meiner Sippe sein, das war mir in den sieben Höllen bewusst geworden. Allenfalls der vorletzte. Aber hier erst verstand ich, dass diese Reise eine Abschiedstournee war, ein leises, langsames Verglühen. Dabei hatte ich noch so vieles im Sinn. Wenn der Tag kommt, an dem mein Leben wie ein Film an mir vorbeizieht, dann lass mich nicht denken: Belanglos, schneller bitte.

Vermutlich trieb ich Natsumi deshalb hinaus in den Nachtregen. Sollte dies mein letztes Abenteuer sein, so konnte ich den Abend unmöglich auf dem Zimmer verbringen. Nie wieder ein Bento aus dem Kombini, schwor ich mir. Kein Abendessen an der Ecke, nur weil ich bereits achtzehntausend Schritte in den Wirbeln hatte. Keine Bar, kein Izakaya, kein Garnichts erschien mir gut genug in den Straßen von Kagoshima, die sich mit der Zeit des Zauderns verengten und im Widerschein der Papierlampen glimmerten. Die Reifen der Autos zischten durch das Wasser auf den Wegen, die Feuchte stieg auf und stand in den Gassen, die Kleider wurden klamm, und Natsumis Haar begann sich zu locken, was sie mehr hasste als alles andere. «Neunzig-Grad-Frisur», stöhnte sie, wenn es die Wellen zu den Seiten wieder einmal gen Himmel zog. Dann beneidete sie die Japanerinnen um ihr glattes, fügsames Haar.

Das führte erst zu Verdruss, später zu Diskussionen und schließlich zu einem kleinen, aber folgenreichen vulkanischen Ausbruch. Natsumi traf eine Entscheidung. Statt noch länger zu überlegen, schob sie kurzerhand die Tür eines Häusleins auf, das sich weder durch ein beleuchtetes

Schild noch durch ein Menü hervortat. Dafür drang ein derbes, kehliges Husten auf den Gehsteig.

Wir hatten kaum den ersten Fuß hineingesetzt, da hörte das Husten auf. Der Wirt, der hinter einem öligen Spritzschutz abwusch, stellte das Glas auf den Rand der Spüle und sah uns verwundert an. Dabei hing ihm die Stirn tief ins Gesicht, so tief, dass sie beinahe auf die Lider drückte. Ein Schmerbäuchiger am Ende des Tresens drehte sich behäbig zur Tür, während sich die kichernde Frau neben ihm alle zehn Finger vor den Mund hielt. Zwei Herren im gesetzten Alter, verbrüdert hinter Sakeflaschen, starrten aus nächster Nähe, und wir blickten in ihre glasigen, träge stöbernden Pupillen. Gelegentlich ist ein Rückzug die beste Option.

«Nein, nein, nein!», schienen die Gesten der Leute zu rufen. «Setzt euch, bitte, geht nicht weg!» Die Besucher des Izakayas feixten und johlten, sie redeten und lallten auf uns ein. «Yopparai!», fuhr der Wirt dazwischen, im sonoren Sound. «Alles Betrunkene.» Er deutete entschuldigend auf zwei freie Barhocker an der Türseite. Als er bemerkte, dass wir zögerten, nickte er aufmunternd, einmal, zweimal, bis wir der Einladung schließlich folgten. Nicht jedoch, ohne einen Anstandsplatz zwischen uns und den beiden Herren hinter den Sakeflaschen zu lassen.

«Also das habe ich noch nicht erlebt», sagte einer von ihnen und hob sein Glas in die rauchschwere Luft, «da sitzen wir dreißig Jahre an diesem Tresen hier, und zum ersten Mal spaziert ein Ausländer zur Tür herein.» Er klopfte auf den freien Platz neben ihm. «Wir sollen heranrücken», sagte Natsumi, und so erwiesen wir ihm die Gunst, während die Dame des Hauses, die nun aus einer Kammer hervortrat, heiße Tücher reichte. Sie musste einmal schön gewesen sein, was ihr feines Mienenspiel verriet. Doch die Jahre in der Gastronomie hatten ihre Spuren hinterlassen. Die Kichernde indes, die sich nun enger an den Schmerbäuchigen schmiegte, hatte noch immer die Hände vor dem Mund, als wolle sie die Worte aufhalten, die ihm unentwegt entwichen.

«Du gefällst ihr», murmelte Natsumi.

«Sie ist zwanzig Jahre älter als ich.»

«Das scheint sie nicht zu stören.»

Sich Schweiß, Stress und Regen abzuwischen tat gut. Nach der Odyssee durch das Restaurantviertel waren wir etwas aufgelöst, und so sehr im Mittelpunkt zu stehen machte es nicht besser. Die beiden Herren nestelten derweil in ihren Hemdtaschen. Während der eine anscheinend ins Leere griff, zog der andere eine Visitenkarte hervor und überreichte sie mir mit beiden Händen. Bei all dem Sake, den er bereits genossen hatte, schien es ihm dennoch wichtig zu sein, die Form zu wahren. Ich nahm das Papier in aller Höflichkeit entgegen und legte es sichtbar auf dem Tresen ab, als wäre dies ein geschäftlicher Anlass.

Wie sich zeigte, hatten wir es mit einem Friseur zu tun. Der penibel gestutzte Henriquatre, den er rund um die herzförmige Mundpartie trug, ließ vermuten, dass der Mann tatsächlich etwas von seinem Fach verstand. Der Bart passte zu ihm, genauso wie seine markante, aber unaufdringliche Brille. Sie folgte der Form und Breite seiner Brauen, und beschlug sie im Kneipendunst, so polierte er die Gläser mit den seidenen Innentaschen seiner Segelhose.

Der Friseur besah Natsumis Neunzig-Grad-Haare.

«Macht man in Europa eigentlich noch Dauerwellen?»

«Seit den Achtzigern nicht mehr!», winkte sie ab. Natsumi übersetzte mir, und um das Gespräch von ihrer frisurlichen Schwäche abzulenken, bat ich sie, dem Herrn eine Frage zu stellen:

«Was ist denn der beliebteste Haarschnitt bei japanischen Männern?»

«Kurz!», antwortete er und nichts weiter, obwohl er der Einzige im Raum war, der kurz trug. Es war nicht die schlechteste Idee, sein schütteres Grau auf ein Minimum zu reduzieren. Kurz stand ihm gut.

«Er ist ein Starfriseur!», lachte der Zweite. «Aber wenn es um seine Kleidung geht, braucht er hin und wieder einen Rat.» Nun hatte dieser Mann ebenfalls sein Kärtchen gefunden. Die Aufschrift erwies sich als kryptisch, doch hatte Natsumi die veilchenblauen Kanji auf der Rückseite korrekt gedeutet, saßen wir mit einem Stylisten zusammen. Jawohl, er sei im Beautybereich tätig, sagte der Herr, der penibel gescheitelt war, und wenn man wollte, konnte man etwas Sanftes, vielleicht sogar Feminines an ihm erkennen – Finger, die es gewohnt waren, Maßbänder zu führen und Nädelchen zu stecken. Was ich von dem Design des verschlungenen Logos hielt, das die Vorderseite seiner Karte zierte, wandte er sich an Natsumi.

«Es erinnert meinen Mann an Prince», dolmetschte sie und blickte in rätselnde Gesichter.

«Tafkap», schob ich nach, «the artist formerly known as …»

«Ah», machte der Stylist und erwachte aus seiner Gedankenschwere, «Purinsu!» Er drehte sich zu den anderen und rief noch einmal «Purinsu!», um schließlich eine seiner feinen Hände auf den Tresen fallen zu lassen, wobei er beinahe den Reiswein verschüttete. «Es ist mir eine Ehre, den Abend mit euch zu verbringen!»

Diese unverhoffte Ehre war ganz unsererseits. So angesäuselt die Leute wirkten, so amüsant waren sie auch. Natsumi, die nun zwischen mir und den beiden Herren hockte, fand Gefallen daran, mit ihnen zu plaudern und von Zeit zu Zeit simultan zu übersetzen.

Beide, der Stylist und der Friseur, waren in Kagoshima geboren, und beide behaupteten, wie der Taxifahrer am Nachmittag, sie hätten niemals eine andere Stadt gesehen. «Nie wirklich», sagten sie, ohne ein Bedauern anklingen zu lassen. Der Stylist hatte längst das Rentenalter erreicht, das vor kurzem auf fünfundsechzig Jahre angehoben worden war. Er wirkte aber mindestens zehn Jahre jünger. «Das liegt an der gesunden Ernährung», führte er aus. Wie das Essen in diesem Izakaya sei, könne er jedoch nicht sagen. Er habe noch kein einziges Mal hier gespeist, obwohl er bereits seit der Kamakura-Zeit hier einkehre, genau wie die anderen.

«Gestatte mir eine Frage.» Der Stylist musterte mich von den abgelaufenen Lederschuhen bis zu den Wasserflecken auf dem Kragen. «Warum hast du dich ausgerechnet für das schwarze entschieden?» Mit einem Mal war ich nicht mehr sicher, ob ich es in diesem Kreis mit aufrichtigem Lob zu tun hatte oder mit vergiftetem. Mag sein, dass ich gedacht hatte, der Regen würde sich auf einem schwarzen Hemd weniger abzeichnen als auf einem hellblauen oder einem weißen – falsch gedacht.

«Nein ehrlich, du hast ein Händchen für Kleidung», der Friseur strich sein knittriges, blass kariertes Kurzarmhemd glatt, «Japaner sind da noch etwas hintendran, findest du nicht?» Er lachte in die Runde, um sich kurz darauf unter den Barhocker zu bücken und mit seinem linken Schuh in der Hand wieder aufzutauchen. Es war ein Croc in leuchtendem Orange, ein moderner, wenn auch wenig eleganter offener Halbschuh aus Schaumharz, den er bald unter die Sohle meines Lederschnürers hielt, um die Größen zu vergleichen.

«Du sollst ihn anziehen», übersetzte Natsumi und schüttelte lächelnd den Kopf. So versuchte ich unter Beifall, meinen Fuß in den viel zu engen Gummischuh zu bekommen, und weil ich selbstverständlich daran scheiterte, schwoll der Jubel weiter an. Kultureller Austausch kennt eben nicht nur intellektuelle Ebenen.

«Sugoi!» Die Kichernde ließ ihren Mund für eine Sekunde los. «Er ist so hübsch», hauchte sie und führte die Finger rasch wieder vor die Lippen. Als sie sah, dass ich aus dem Augenwinkel sah, wie sie hinsah, wandte sie sich erschrocken zu Natsumi: «Tut mir leid, starre ich zu viel?»

«Es ist mir eine Ehre, den Abend mit euch zu verbringen!», wiederholte der Stylist.

Ich musste an das Mädchen aus der Gaijin-Bar in Tokyo denken, das mich für Michael J. Fox gehalten hatte. Hier, im Süden von Kyūshū, fielen eine *hāfu* und ein blonder Mann noch mehr auf als in anderen Präfekturen, und der Alkohol schien diesen Exotenstatus zu vervielfachen. «Du bist für sie wie ein Star», sagte Natsumi. «Ein Star aus der westlichen Welt.»

«Kakkoii!», schwärmte die Kichernde. «So ein attraktiver Mann.»

«Ja, ein tolles Gesicht», stimmte der Friseur mit ein, «und ein smartes Lächeln.»

«Weißt du», sagte der Stylist und schenkte mir von seinem Sake ein, «wir bewundern euch Gaijin, eure Mode, euren Wuchs, eure breiten Schultern.» Er stieß mit mir an. «Aber genau das ist es auch, was uns manchmal Angst macht.»

Wie sich herausstellte, gehörten die Speisen ebenso wenig zu den Stärken dieses Izakayas wie der Kalender mit den leicht bekleideten J-Pop-Sängerinnen an der Wand. «Tote Vögel», kommentierte der Friseur die Spieße auf dem Teller, der sich bald darauf mit einem brummigen *«Dōzo!»* näherte, bitte schön, um sich auf dem Tresen zwischen Natsumi und mir niederzulassen. Es war etwas anderes, das dem Laden seine Aura verlieh. Japan ist das Land der geschlossenen Türen. Zwar sind sie nicht verrammelt, verriegelt oder von innen versperrt, doch wer Einlass wünscht, und sei es nur für eine Weile, der muss gewöhnlich nachsichtig sein. Sagen und Meinen, Tänzeln und Traben, Geschenke, Gefälligkeiten und winzige, hauchleise Irritationen, die alles wieder zunichtemachen. In dieser Nacht in Kagoshima aber schienen die Türen offen zu stehen, so weit, dass es fast unanständig war.

«Itadakimasu», dankte ich dem Koch und blickte wieder zu der Kichernden, die ihre geheimen Worte nun, da sie mir zuprostete, nicht mehr länger bremsen konnte. Gleich danach fing sie an, sich vielmals zu entschuldigen.

«Dieser Mann ist so heiß ...», übersetzte Natsumi etwas zögerlich, «da will man es gleich machen.»

«Hat sie das wirklich so gesagt?», flüsterte ich, und als Natsumi entgeistert nickte, drehte ich mich zu der Verehrerin um und deutete auf meinen Ehering, zum allerersten Mal im Leben.

«Das ist doch nicht schlimm», lächelte die Kichernde. Dann verbarg sie ihr Gesicht hinter dem Schmerbäuchigen.

«Wie gefallen dir japanische Frauen?», fragte der Friseur und beugte sich zu mir herüber, und natürlich antwortete ich, sie seien die schönsten der Welt. Der Friseur fuhr fort und grinste sibyllinisch. «Du hast auch eine sehr hübsche Frau», übermittelte Natsumi die Nettigkeit und verdrehte etwas angewidert die Augen. «Er sagt, er würde mich gerne mal ausleihen.» Obwohl er ja selbst eine Gattin zu Hause habe, einen grenzdebilen Sohn und eine achtunddreißig Jahre alte unverheiratete Tochter.

«Shōganai», tröstete ich ihn, da kann man nichts machen.

Damit wandelte sich die Euphorie allmählich in Schwermut, wie es an solchen Abenden eben so geschieht. Der Friseur nannte uns «warmherzig», was mir sehr gefiel. Es ist ein wunderbares Wort, während «kaltherzig» ein so schreckliches ist. Nun reichte auch der Wirt seine Visitenkarte. «Wurde euch mein Izakaya empfohlen?» Seine Stirnwulst kräuselte sich, und vielleicht fragte er sich selbst, ob das im Bereich des Möglichen lag. «Es ist mir jedenfalls eine Ehre, den Abend mit euch zu verbringen!», rief der Stylist und hob erneut sein Glas, doch der Friseur griff nach seinem Arm und zog ihn hinunter. «Das wissen die schon.» Es war mehr als angebracht, ein Kompliment zurückzugeben. «Ich dachte immer, Japaner wären schüchtern», übersetzte Natsumi.

«Ach was», sagte der Friseur, «das war früher einmal so.»

Der Kichernden entfuhr nun ein Satz, den sie wohl am liebsten wieder eingefangen hätte, so rosig glühten ihre Wangen. Wieder musste ich Natsumi um Hilfe bitten.

«Sie ... Sie bietet uns einen Dreier an.»

«Oje, ich bin unmöglich!», rief die Angesäuselte. «Nicht alle Japanerinnen sind so. Nur ich.» Und mit diesem Schlusswort hakte sie sich bei ihrem Begleiter, dem Schmerbäuchigen, ein.

Im Türrahmen machte die Dame noch einmal Mal kehrt. «Hug Hug?», fragte sie, den genierlichen Blick auf Natsumi gerichtet. «Darf ich deinen Mann umarmen? Oder ihm wenigstens die Hand geben?»

«Dass ihr uns gefunden habt!», rief der Stylist. «Dass ihr uns gefunden habt! Wir sehen uns wahrscheinlich nie wieder! So was habe ich in dreißig Jahren nicht erlebt! Ihr gehört jetzt dazu!» Er sprang auf, kam ins Trudeln, fing sich aber zu aller Erstaunen wieder. Dem Wirt fielen derweil die Augen zu, nein, sie wuchsen ihm zu, während ich die Kichernde zum Abschied gleich zweimal umarmte. Dabei wirkte sie auf einmal so scheu und schuldlos wie ein junges Mädchen. Waren diese Leute vulgär? Oh ja. Waren sie aufdringlich? Bisweilen schon. Und dennoch hatte es etwas Rührendes, in ihre Mitte aufgenommen zu werden, mit allen Ehren, Schulter an Schulter, Glas an Glas unter dem flammenspeienden Berg. Nichts ist so wahrhaftig wie die Poesie der Trinker. So lange zumindest, bis der Abend endgültig kippt.

Bald presste der Stylist nur noch Gemurmel heraus.

«Nein, nein», der Friseur schlug ihm schier auf den Hinterkopf, «nein!»

Wiederum sah ich ratlos zu Natsumi.

«Ich glaube, der Stylist möchte mir dir irgendwo hingehen.»

«Das solltest du nicht tun», mahnte der Wirt.

«Das machst du nicht!» Der Friseur fixierte mich und hob den Zeigefinger. «Hörst du, das machst du nicht!»

«Wohin will er denn mit mir gehen?», fragte ich.

«Ich hab es nicht genau verstanden ...», rätselte Natsumi, «oh doch, jetzt weiß ich es: Nein, das machst du nicht.»

MOND ÜBER MARINOA

FUKUOKA

Hatten wir während der Abreise aus Kagoshima ein Wunder erlebt, oder war es eine Watsche? Das Taxi bog in eine Kurve, ich wandte mich ein letztes Mal um, blickte arglos aus dem Heckfenster, und da war er plötzlich, der Vulkan, in seiner ganzen, hinterlistigen Gestalt. Sein Krater ragte zwischen den Wolken hervor, eintausend Meter über dem Meer, als wollte er uns eine Nase drehen.

Shōganai, dachte ich, einige Stunden später, und streckte meine Beine auf einem gläsernen Balkon, während Yachten unter den Sohlen meiner Slipper tanzten, fast lautlos segelten sie die Bucht entlang. Rechts kreiste ein Riesenrad über Boutiquen und Restaurants, links sah ich über die Peninsula hinweg ins Blau. Vor mir glitzerte die See in der Marina, am Horizont die Skyline und hinter mir ein lichtdurchflutetes Zimmer, das treffender mit dem Wort «Penthouse» beschrieben wäre. Es war aus Edelholz, Glas und weißem Tuch komponiert. Als jemand klingelte und eine Flasche Champagner reichte, weil wir doch in den Flitterwochen seien, hätte ich mir auf die Schulter des Hotelpyjamas klopfen können. Das aber erschien mir zu kräftezehrend. So atmete ich die Meeresbrise und lächelte selig in mich hinein. Wie erholsam es doch sein kann, in einem Einkaufszentrum zu logieren.

«Hier trennen sich also unsere Wege», hatte Natsumi gesagt, kurz nach dem Check-in, und seither ward sie nicht mehr gesehen. Einhundert Läden standen ihr offen, um diesen Stopover in einen zügellosen Shopover zu verwandeln, während ich mich besten Gewissens entspannen konnte. Uns blieb nichts weiter zu tun, als eine Nacht zu überbrücken, vor dem letzten Treffen mit Natsumis Familie. Und wo verbringt man eine solche Nacht? Im Regen? Unter einem Vulkan?

Wir hatten uns für eine Stadt im Norden von Kyūshū entschieden, und zugleich entschieden wir uns gegen sie. Fukuoka mag auf einem ähnlichen Breitengrad liegen wie Los Angeles oder Casablanca. Doch sie lässt den Glamour des Sunset Strips vermissen und die Märchen, die man sich auf der Terrasse eines marokkanischen Riads erzählt. So waren wir am Bahnhof in einen Linienbus gestiegen, der sich in den Metropolverkehr einfädelte und prompt darin hängen blieb. Eine halbe Stunde Stop-and-go verstrich, bis sich der Bus aus dem Gewirr gelöst hatte und nach einer weiteren halben Stunde eine Schwebebrücke überquerte. Sie spannte sich im waghalsigen Bogen über Container, Kräne und Lagerhäuser, hinüber auf die andere Hafenseite, wo wir schließlich einen Ponton in der Bucht von Fukuoka erreichten. Es war der Beginn einer wunderbaren Freundschaft, denn dort befindet sich Marinoa City, das größte Outlet-Center von Kyūshū.

Direkt an die Geschäfte schloss sich das Marinoa Resort an, das uns mit Hochglanzfotos und einem überraschend erschwinglichen Zimmerpreis gelockt hatte. Was der eigentliche Sinn dieses Hauses war, hatten wir beide nicht gewusst. Es wurde von gut gepflegten jungen Männern geführt, die über einen Knopf im Ohr miteinander im Austausch waren. In weißen Chinos und eng geschnittenen Navy-Blazern federten sie durch die Empfangshalle. Sie nestelten an Blumenbouquets, sie beschrieben Tischkärtchen in Sonntagsschrift, sie debattierten gestenreich über Menüfolgen, sie strichen mit der flachen Hand über Damast, sie falteten Servietten zu Lotusblüten und stimmten die Papeterie mit dem Farbkonzept ab. Dass wir im Honeymoon waren, gefiel ihnen. Nein, es begeisterte sie. Die Männer liebten den Gedanken zu flittern, so wie sie das Heiraten liebten und alles, was damit verbunden ist.

Wir wohnten in einem «Anniversary Hotel». Ein Haus, das dem Bund fürs Leben gewidmet ist. Es war ganz auf japanische Hochzeitsgesellschaften ausgerichtet, die hier nächtigten, speisten und sich nobel kleideten. Für den Moment des Jaworts fanden sie sich in einer verglasten Kapelle auf der obersten Etage ein, die zu drei Seiten auf den Pazifik blickte. So schien der Weg des Brautpaars «über den Ozean gen Himmel» zu führen, wie es eine Broschüre formulierte. Der Saal war vom türkisblauen Wasser eines Pools umgeben und mit lederbezogenen, jungfräulich weißen Kirchenbänken eingerichtet. Neben dem Gottestisch aus Acrylglas stand eine Harfe, und dahinter, in der Mitte des Panoramafensters, hing ein lichtdurchlässiges Kreuz.

Japaner werden als Shintoisten geboren, sie sterben als Buddhisten und heiraten als Katholiken. Die Zahl der Christen in diesem Land ist bekanntlich zu vernachlässigen, nicht aber das Faible für christlich angehauchten Kitsch. Sich in einer «Wedding Chapel» die Hand fürs Leben zu reichen, wie in Hollywood, gilt als romantisch und inzwischen sogar als Statussymbol. Der obligatorische Amtsgang verläuft kurz und nüchtern. Es müssen nicht einmal beide Partner persönlich erscheinen. Deshalb hatte sich Katsumi-san wohl so erstaunt gezeigt, dass ihr Besuch bei unserer standesamtlichen Trauung in Deutschland überhaupt erwünscht war. Der zeremonielle Teil dagegen kann dekadente Züge annehmen, ganz so wie im Westen und manchmal weit darüber hinaus.

Am Nachmittag war Natsumi noch immer nicht zurückgekehrt. Sie schien die Zeit zu brauchen, so wie ich die fliegenden Stunden auf dem gläsernen Balkon genoss. Nach einer Weile jedoch tauschte ich die Slipper gegen Entdeckerstiefel, denn mir war etwas aufgefallen.

In der Ferne, ganz am Ende des Pontons, erhob sich ein Glockenturm über dem Meer. Während ich um den Parkplatz der Einkaufsstadt wanderte, entlang einer Allee aus Palmen, wuchs dahinter noch ein zweiter, etwas schlichterer empor. Die Türme gehörten zu einer dreischiffigen Kathedrale im gotischen Stil, die von Strebebögen gestützt wurde. Obwohl die meisten ihrer Fenster bloß Attrappen waren, wirkte das gewaltige Bleiglas an der Stirnseite so, als hätten es europäische Meister gefertigt. Die hohen sandfarbenen Mauern konnten es nahezu mit Notre-Dame aufnehmen, doch der sichtbarste Unterschied zwischen den Gotteshäusern lag nicht in ihren Dimensionen. Es war der moderne Bungalow, der nahtlos in die japanische Kathedrale überging, als hätte eine Raumfähre angedockt.

Eine automatische Tür öffnete sich und fuhr hinter mir wieder zu.

Das Foyer im Inneren des Anbaus war von zarter Klaviermusik erfüllt, ein Zebrafell hing an einer Wand über der vanillefarbenen Loungelandschaft. Alles wirkte hell und modern, und doch roch es auf sentimentale Weise nach Audrey Hepburn. Wo war ich gelandet? Fünf Sterne hatten an der Außenfassade gegrüßt, und so wähnte ich mich in einem Luxushotel. Ich stieß tatsächlich auf eine Rezeption und zwei Empfangsdamen, die etwas erschrocken aussahen, als ich auf sie zuging. Sie vertrösteten mich mit Zeichensprache, bis eine dritte Kollegin erschien, die ausgezeichnet Englisch sprach.

«Wie kann ich Ihnen weiterhelfen?»

«Verzeihen Sie, ich wüsste einfach gerne, wo ich bin.»

«Oh», die Frau faltete die Hände wie zu einem Gebet, «Sie sind in Notre-Dame. Herzlich Willkommen in Notre-Dame de Marinoa.»

In einem anderen Land hätte man nun den Manager gerufen, der bigott nach einer Terminbestätigung, einem Presseausweis oder wenigstens nach einer Visitenkarte gefragt hätte. Alles nur, um den ungebetenen Gast wieder loszuwerden. Die Rezeptionistin aber verlangte weder einen Namen noch eine Erklärung. Meinen Wunsch, die Kathedrale zu besichtigen, wollte sie mir nicht abschlagen. Wie selbstverständlich stöckelte sie in gewandtem Bogen um ihren Tresen, verneigte sich und bat darum, ihr zu folgen.

Während wir auf den Lift warteten, deutete die Dame auf eine Reihe von Zertifikaten und Priesterporträts, die in einer Galerie an den Flurwänden hingen. Man habe Notre-Dame de Marinoa vor acht Jahren eröffnet, und wie ich sehen könne, freue sich das Haus über zahlreiche Partnerschaften mit «echten» Kirchen in Europa. Ihre Worte waren kaum verhallt, da öffneten sich die Türen des Aufzugs. Er bewegte sich nur um eine Etage, doch ob aufwärts oder abwärts, kann ich nicht mehr so recht sagen. Zu verblüfft war ich von dem Ort, den wir kurz darauf erreichten.

Wir befanden uns wieder unter freiem Himmel, am Fuße der beiden Türme, und ich folgte der Frau in einen herrschaftlichen, römisch inspirierten Patio. Auf einer Empore thronte eine Statue der Jungfrau Maria, von Zypressen umwachsen. Darunter floss das Wasser eines Brunnens hinab in ein Becken, das den gesamten Innenhof umspülte. Die Fontänen, die sich zahlreich daraus erhoben, lenkten das Auge auf das Herz des Arrangements, wo sich die Fluchtpunkte schnitten. Dort, unter der sorgenvollen Miene der Mutter Gottes, direkt an der Kirchentreppe, parkte ein «Hummer Super Stretch». Ein perlweißes, zehn Meter langes Biest von einem Geländewagen, das den vollmundigen Schriftzug «Fivestar Wedding» trug.

Ich hatte kein Hotel, sondern ein Hochzeitswunderland betreten. Die japanische Antwort auf Notre-Dame war eine kommerziell genutzte Kathedrale mit beigeordneten Ballsälen. Man hatte sie allein zu dem Zweck errichtet, Paare zu vermählen. «Hier vorn, an dieser Seite, steigt die Braut aus der Limousine», erklärte die Dame, «und der Brautvater führt sie dann über diese Stufen hinein in die Ehe. Nach Ihnen bitte.»

Den Aufgang in die Basilika flankierten Amphoren, aus denen Schilfrohr wuchs. Aus der Nähe zeigte sich, wie sehr die Kirchenreplik unter dem Meeresklima zu leiden hatte. Ein moosgrüner Schleier zog sich über die Fassade, vom

Wetterhahn auf der höchsten Turmspitze bis hinunter zu den Ornamenten über dem Bogenportal. Sie waren nicht aus Sandstein geschnitzt, sondern aus Carbon oder Fiberglas geformt. «Ich muss mich entschuldigen», sagte die Dame, als sie die Kathedralentür mit einer Schlüsselkarte öffnete, «wir konnten nicht wissen, dass Sie kommen, also wird es im Inneren wohl etwas stickig sein, die Aircondition ist ausgeschaltet.» Vorsorglich bot sie mir etwas zu trinken an, was ich der Form halber ablehnte. Diese Zurückhaltung sollte ich bald bedauern.

Als wir in die Halle traten und durch die blumengeschmückten Flügeltüren eines Schmiedegitters liefen, war es, als türmte sich eine gewitterschwere Wand vor uns auf. Scheinwerferstrahlen fielen von den Arkadenreihen auf die Engel über dem Altarbild. Sie tauchten den Weg, der Braut und Bräutigam über weißen Marmor bis vor den Priester geleitete, in ein unwirkliches, filmreifes Licht. «Virgin Road» nannte ihn die Dame. Die Straße der Jungfrauen führte entlang einer Allee aus Kunstrosen und Kerzen, die elektrisch entflammt wurden, um Brände zu vermeiden. Ich pochte an eine der Säulen und schwankte: Hartplastik? Styropor?

«Sie wären massiv, wenn der Ponton sie tragen könnte», verriet die Dame. «Dann hätten wir die gesamte Kirche aus Stein gebaut. Der Altar aber ist echt, genauso wie das große Fenster darüber.»

Während wir andächtig bis zur Schwelle schritten, beinahe wie Mann und Frau, den Blick mal auf die Heiligenfiguren, mal auf das himmelhohe Gewölbe gerichtet, stellte ich mir vor, wie viele Verliebte diesen Weg wohl schon gegangen waren. «Die genaue Zahl kann ich gerne für Sie recherchieren», bot meine Gefährtin im Hosenanzug an. Welcher Bauherr auch immer sich hinter Notre-Dame de Marinoa verbarg, er war äußerst geschäftstüchtig. «Fivestar Wedding» erwies sich als Sorgenlöser. Der Betreiber stellte nicht nur die Kirche, den Priester, den Chor und die Blumenmädchen, Fotografen, Friseure und natürlich die Hochzeitstorte. Auf Wunsch lieferte er auch ein Brautkleid mit fünf Meter langer Schleppe, Schmuck und Strauß, den Zweiteiler des Bräutigams und die Garderobe der Jungfern. Anschließend wurden die Roben gereinigt und an die nächste Gesellschaft weiterverliehen. Für das Fest nach der Trauung standen vier Örtlichkeiten zur Wahl: ein Garten neben der Kathedrale und drei unterschiedlich dekorierte Villen, eine im einheimischen, eine im italienischen und eine weitere im skandinavischen Stil. Man buchte sie nur für wenige Stunden, denn japanische Hochzeitsfeiern sind kostspielig, aber selten von langer Dauer.

«In jeder Location können zwei Feiern stattfinden», fasste die Dame zusammen, «eine am Morgen und eine am Abend. Wenn es nötig ist, meistern wir also acht Hochzeiten am Tag. Um Ihre Frage zu beantworten: Ich würde die Zahl auf etwa sechshundert schätzen.»

«Sechshundert Trauungen, seit es die Kathedrale gibt?»

«Sechshundert Trauungen im Jahr!»

Und so lassen sich all die Pärchen von einem freundlichen Herrn im Predigergewand vermählen. Es ist keine Heirat vor Gott und auch nichts, was rechtlich bindend wäre. Es ist ein Theaterstück. Die Liebenden legen ihr Gelübde vor einem westlichen Laienschauspieler ab, der fließend Japanisch spricht und «Amen» sagt, aber kein Echo erwartet.

Als ich vorsichtig die Tür der Hotelsuite öffnete, vermutete ich Shoppingtüten im Flur, doch anscheinend trug Natsumi eine von ihnen auf dem Kopf. Es war eine Haube aus transparentem Gewebe, die sich wie ein Brautschleier über ihr Gesicht legte und es bis zum Kinn bedeckte. Eine wenig ästhetische, aber zweckmäßige Erfindung: Man nutzt sie bei der Anprobe, um die fabrikneuen Kleider vor Make-up, Lippenstift und Haaren zu schützen. «Ich wollte dir das nur mal vorführen», lächelte Natsumi, als ich ihren Schleier hob, «damit du wieder etwas über die verrückten Japaner zu erzählen hast», und ich liebte sie dafür. Wir hatten auf eine kirchliche Trauung verzichtet, doch wie gerne hätte ich sie in dieser Minute über die Virgin Road von Notre-Dame geleitet.

Die Abenteuer, die wir gemeinsam erlebten, mochten harmloser sein als manches, das hinter mir lag. Die Meere waren ruhiger geworden, die Seeungeheuer friedlicher, das Herz schien die Lust an der Flucht um den Globus zu besiegen, und ich wollte mich nicht dagegen wehren. Tat ich es dennoch, dann dachte ich den einen Morgen zurück, den ich bei Natsumi verbringen durfte. Damals hatte ich mich in ihre Dusche geschlichen und war drauf und dran, das Apartment genauso mäuschenstill wieder zu verlassen, um sie nicht zu wecken. Da entdeckte ich eine Tasse heißen Tee und einen Teller frisch geschnittener Früchte auf ihrem Frühstückstisch. Für Natsumi war es nur eine Geste. Für mich ein Symbol. Wie lange muss man reisen, um schließlich anzukommen? Meine Antwort darauf hatte ich gefunden.

Wir schlenderten durch Marinoa City, als mir Natsumi verriet, dass sie noch nie in einem Riesenrad gesessen hatte, nein, kein einziges Mal. Natürlich versuchte sie, mich davon abzuhalten, die Tickets zu kaufen. «Eintausend Yen, nur für eine Runde über dem Outlet-Center!» Doch es war nicht irgendein Abend. Diese Sommerreise neigte sich dem Ende zu, und Japan feierte Tanabata, den siebten Kalendertag im siebenten Monat. Jene Nacht, in der eine ganze Nation in den Himmel blickt und still an die Liebe denkt – das Ehepaar aus dem magischen Izakaya, die Tänzerinnen aus dem Roboterrestaurant, die Touristen auf dem Hakodate-yama, die Tiere in den Höllen von Beppu und die Männer und Frauen aus dem Kombini, die einsam über die Gänge wandeln, den Einkaufskorb im Griff, die Sehnsucht im Blick. Man sagt, dass sich in dieser Nacht zwei Sterne treffen, die den Rest des Jahres durch die Milchstraße getrennt werden. Nach altem Glauben sind sie ein Paar, und auf eine Weise, dachte ich, waren sie wie wir. Unsere Leben hatten sich auf so unterschiedlichen Bahnen bewegt, Natsumis in einem Universum aus Zahlen, meines in einem Nebel aus Worten, und urplötzlich hatten sie sich berührt. Tanabata ist ein Fest der Wünsche. Man schreibt sie auf einen Zettel und knüpft sie an die Zweige eines Bambusbaums, oder man reist in die Lüfte und überbringt sie persönlich.

Die Gondel erhob sich über die Dächer von Marinoa City und tauchte in das Abendrot, das über dem Hafen lag. An der Spitze des Pontons, von Palmen umgeben, erstrahlte Notre-Dame im künstlichen Licht, dahinter, von Booten umsegelt, schimmerten Inseln im Meer wie die Klippen von Matsushima, und am Horizont funkelten die Häusertürme von Fukuoka. Es mochte nur ein Einkaufszentrum in einer Bucht sein, doch für Natsumi und mich war es die dritte der drei schönsten Landschaften Japans. In dieser Nacht leuchtete der Mond heller als sonst, die Sterne glimmten dazu, und sollten wir einmal eine Tochter haben, hieße sie wohl Marie. Wäre es ein Sohn, hieße er Noah.

DER VORLETZTE SAMURAI

KŌBE

Suma ist ein glücklicher Teil von Kōbe, denn er blickt geradewegs auf die See, und auf einem Hügel in Suma, nur einen Spaziergang von der Küste entfernt, steht ein glückliches Haus. Darin duftet es nach Büchern und an besonderen Tagen nach gebratenem Fisch. Wer an seine Tür klopft, dem öffnet Tomoko-san, eine kleine Dame mit Hut.

«Ohisashiburi!», rief die Tante, lange nicht gesehen, und klatschte in die Hände, während es Hiroshi-san, ihr Ehemann, bei einem Nicken beließ. An der Schwelle, sauber aufgereiht, warteten Pantoffeln, kleine für Natsumi und Katsumi-san, größere für Hage-san, den ehrbaren Herrn Glatzkopf, und etwas zu große, die offenbar für mich vorgesehen waren. Die kindlich kleinen Sohlen, auf denen sich Tomoko-san zu bewegen pflegte, trugen sie geschwind über jeden Meter ihres Eigenheims. Während ihre Gesten wie Vögelchen flatterten, führte mich die Lieblingstante durch die Gemächer. Sie hatte eigens zu sich nach Hause geladen, damit ich sehen könne, wie Japaner so leben.

Die Tante sauste flinken Schrittes die Stiege empor, hinauf in den zweiten Stock und dort von Zimmer zu Zimmer über den Flur. An mancher Tür hefteten Zettel, die sorgfältig beschrieben waren: «Ich bin, du bist, er ist, wir sind, ihr seid, sie sind. Ich darf, du darfst, er darf, wir dürfen, ihr dürft, sie dürfen.» Die Konjugationstabellen der Tante wellten sich allmählich, schließlich lernte sie die deutsche Sprache seit Jahrzehnten, wie es hieß. Gleichwohl zog es Tomoko-san vor, Japanisch mit mir zu sprechen. Sie schäkerte, flachste und schnatterte, ganz gleich, ob ich sie verstand oder nicht. So schlappte sie mal ins Gästebad, wo die Toilettenschuhe wohnten, und mal ins Schlafzimmer zu den eingerollten Futons. Nun, da ich zur Familie gehörte, sollte keine Tür vor mir verschlossen bleiben. Eine Kammer war so voll von Erinnerungen, dass es darin fast finster blieb. Pappkartons und Kistenstapel verdeckten das Fenster und ließen kaum mehr Licht herein.

Tomoko-san griff nach einer Schnur, die sie nur erreichte, indem sie sich auf Zehenspitzen stellte, und das zuckende Licht einer Neonröhre erhellte den Raum. Die Tante lüftete den Deckel einer Schachtel und holte ein Foto daraus hervor. Es zeigte ihre Tochter und ihren Sohn in Jugendjahren. Wir waren den beiden im chinesischen Lokal in Tokyo begegnet: die interessierte, alterslose Cousine und der Cousin, der sich von mir weggesetzt hatte, weil er seinem Englisch nicht traute. Anscheinend vereinte Tomoko-san beides, die Neugier und die Scheu. Sie wirkte so enthusiastisch wie niemand sonst in der Verwandtschaft, aber sobald ich sie etwas fragte, und sei es nur aus Anstand, huschte sie irritiert davon. Gemessen an japanischen Verhältnissen, war es ein weitläufiges Haus. Mit einem Wink bat mich die Tante, ein Schiebefenster zu öffnen. Wir streckten unsere Köpfe hinaus, und ich bewunderte den Garten, in dem eine zwergenhafte Kiefer wuchs.

Tomoko-san musste den gesamten Morgen unten in der Küche verbracht haben, während wir mit dem Shinkansen nach Honshū zurückgekehrt waren. Sie hatte Tai-Fisch zubereitet, eine Seebrasse, denn schließlich war der Anlass omedetai, ein festlicher. Ich folgte ihr in das Tatamizimmer neben der Eingangstür. Dies war der Ort, an dem Tante und Onkel gemeinsam ihre Sprachen lernten: Deutsch, Englisch, Französisch und sogar Mandarin. Natsumi, die nun dazugetreten war, schlug das Übungsheft auf, das die beiden in dieser Woche studierten. Die Lektion drehte sich um ein fiktives Kollegengespräch zwischen zwei deutschen Reportern im Redaktionsbüro, Herrn Werner und Herrn Meyer:

W: Herr Meyer, ich sehe ein zufriedenes Lächeln in Ihrem Gesicht. Die Reise nach Kōbe hat wohl viel Spaß gemacht.

M: Allerdings. Es ist schon erstaunlich, wie die Stadt heute aussieht, bedenkt man das schreckliche Erdbeben von 1995.

W: Kōbe wirkt doch eher europäisch, oder?

M: Ja, aber das hat auch seine gute Seite. Man hat in einigen Teilen der Stadt die Stromleitungen unterirdisch verlegt. Das heißt, man hat nun einen freien Blick auf den Himmel.

W: Und was haben Sie dieses Mal erlebt?

M: Och, Herr Werner, ich bin an der See entlangspaziert in Richtung Pearl Bridge oder Akashi-Kaikyō-Brücke, wie sie richtig heißt, habe in einem kleinen

Café gemütlich Zeitung gelesen und neue Schuhe gekauft. Später habe ich in Motomachi lecker zu Abend gegessen und bin dann noch in einen der tollen Jazzclubs gegangen.

W: Das nennen Sie Arbeit?

M: Das nenne ich erstklassige Arbeit.

Es war ein anspruchsvoller Text über die Abenteuer eines Berufsgenossen, der mir mit den Seiten immer sympathischer wurde. Niemand musste Herrn Meyer erklären, wie man Spesen verprasst. Der Mann ließ es krachen, mal im Indikativ, mal im Konjunktiv, wie es sich für einen Gaijin auf Dienstreise gehört. Sein Name hallte wohl bald durch jedes Etablissement in jeder schummrigen Gasse, doch was sollten Tomoko-san und Hiroshi-san mit Sätzen wie «Ach, das ist doch nur ein Lackschaden!» und «Andere Mütter haben auch schöne Töchter!» anstellen?

Natsumis Onkel, der uns nun mit einer Geste zu den anderen führte, besaß eine charismatische Milde, die keiner Worte bedurfte. Ich verlor einen Satz, doch Hiroshi-san schien ihn zu überhören, als er schweigend in das Wohnzimmer deutete: ein geblümtes Sofa zur Linken und vis-à-vis, zur Rechten, ein Eichentisch, den Tante und Onkel über und über mit Liebe bedeckt hatten. Er war so voller Schüsselchen und Schälchen, dass man sich fragte, ob Tomoko-san und Hiroshi-san noch weitere Gäste erwarteten.

An den Wänden hingen Landkarten, mit Heftzwecken an die Tapeten gepinnt. Großbritannien, Frankreich, Italien, Österreich und die Bundesrepublik Deutschland. Nach jedem ihrer Blitzurlaube hatten Tomoko-san und

Hiroshi-san die Orte, an denen sie gewesen waren, mit einem Kugelschreiber umrandet. Die zwei kannten Paris, Wien und Berlin, sie hatten London im Eiltempo erkundet und sich vor dem Palace of Westminster fotografieren lassen, beige Fischerhüte auf dem Kopf. Sie waren bis Travemünde und Lüneburg gekommen, und selbst um den Ort, an dem ich geboren wurde, zog sich ein kleiner, bläulicher Kringel.

«Deine Verwandten waren in Osnabrück?» Ich konnte es kaum glauben. «Natürlich nicht», sagte Natsumi, «was will man denn da? Nein, sie haben die Stadt nur für dich eingekreist.» Und was brauchte es weiter, um mich zu rühren. Dieser Kringel bedeutete mir mehr als jedes Geschenk, das sie mir hätten machen können. «Mein Onkel lässt fragen, wie es dem Teutoburger Wald geht», übersetzte Natsumi, und er schmunzelte, als ich mich zu ihm umdrehte. Hiroshi-san hatte sich über meine Heimat informiert, zwei meiner Bücher gelesen, Wort für Wort mit Lupe und Lexikon, und dabei immerhin, wie er nun erwähnte, dreimal gelacht. Vor allem darüber, wie plan- und sorglos ich seinerzeit über die Alpen gewandert sei, unvorstellbar für einen Japaner. «Ich hatte gedacht, du wärst viel größer», bemerkte er, «breiter, mit einem Bart, wie ein Gorilla.»

Die Bilderrahmen auf dem Klavier wirkten wie drapiert. Auf nahezu jedem Foto war Natsumi zu sehen: als Kleinkind bei einem Familienfest, als Mädchen auf Sommerbesuch, als junge Frau mit ihrer Tante vor dem Kolosseum in Rom. Tomoko-san in einem mondänen weißen Paletot, mit Filzhut und Divenbrille im Stile der Fünfziger. Natsumi mit schmal gezupften Discobrauen, die wohl eher einer Laune der Neunziger entsprungen waren. Sie wunderte sich. All diese Aufnahmen stünden noch genauso da wie bei ihrem letzten Besuch. Dabei hatte Natsumi den Raum acht Jahre nicht betreten. «Zumindest stehen die Fotos immer so da, wenn ich vorbeikomme.»

Als wir uns an den Esstisch setzten, fiel mir eine Vitrine auf. Darin mischten sich Geschirr und Souvenirs: Porzellan aus Meißen, Püppchen aus dem Schwarzwald. Es war ein vertrautes Allerlei, das mir hier, im fernen Kōbe, fremd vorkam. So lange, bis ich an den Buddha dachte, der auf dem Sims meines Schreibzimmers hockt. Um die Vitrine zog sich eine Kordel. «Aus Gründen der Sicherheit!», übersetzte Natsumi den Kommentar ihrer Tante, die jeden Anlass nutzte, um eine ihrer Geschichten zu erzählen.

Während des Erdbebens sei das gute Stück nicht umgestürzt. Nein, sogar die bayerischen Wandteller, ganz oben auf dem Schrank, hätten die Katastrophe unversehrt überstanden. Die Teller seien zwar bis an die Kante gerutscht, aber nicht heruntergepurzelt. Man habe während des Hausbaus «gerammt», dolmetschte Natsumi, und Tomoko-san presste ihre Mittel- und Zeigefinger auf die Tischplatte. Das Gebäude stehe auf Pfeilern, die im Boden verankert sind. So viele tausend Häuser seien in Kōbe eingestürzt, berichtete die Tante, sogar der Suma-dera, der buddhistische Tempel in der Nähe, der angeblich einen Mönch unter sich begrub. Aber als sie in ihre vier Wände zurückgekehrt sei, habe es ausgesehen, als sei nichts geschehen. «Nur die Flügeltüren der Vitrine standen offen», sagte Tomoko-san und grinste. Also habe sie etwas unternehmen müssen, damit sich das Ding nicht wieder von selbst öffne. «Ich würde die Kordel ja weglassen, wenn der Schrank auch selbst den Tisch decken könnte.»

«Kōbe, Kōbe, Kōbe», lachte Tomoko-san, die bekannt dafür war, mit Gesprächsthemen zu jonglieren. Sie wechselte von einem ins nächste, kam vom Hundertsten ins Tausendste, um irgendwann, ganz unvermittelt, wieder an den Anfang zurückzuspringen. «Wer kennt schon Kōbe?», sinnierte sie. «Die Franzosen jedenfalls nicht.» Als sie mit Hiroshi-san in Paris gewesen sei, habe sie es aufgegeben, Kōbe zu erwähnen. «J'habite à Tokyo», säuselte sie, genüsslich und langsam genug, dass es beinahe zu verstehen war. «So habe ich mich den Parisern immer vorgestellt. Unsere Hauptstadt war ihnen immerhin ein Begriff.» Auch wenn es einem Franzosen ja kaum zu vermitteln sei, dass japanische Häuser nicht mit dem Parterre, sondern mit dem ersten Stock beginnen. «Das war das Problem mit der Kommunikation auf dieser Reise.»

«Es wird wohl nicht das einzige Problem gewesen sein», ergänzte Katsumi-san.

«Katsumi!», die Tante setzte sich auf. «Als du Japan verlassen hast: Warum bist du nicht nach Frankreich gegangen?» Sie spann ihren Gedanken fort, noch bevor die Schönheit des Sieges antworten konnte. Ach, Frankreich, was habe sie sich mit den Parisern gut verstanden. Da sei diese furchtbar nette Schulklasse gewesen, mit der sie stundenlang hätte parlieren können, wenn, ja wenn nicht irgendwann der Reiseleiter eingeschritten wäre. «Eine wunderbare Sprache», schwärmte sie, «magnifique.»

Hage-san betrachtete derweil die Audiokassetten, die sich in einem Regal am Ende des Tisches reihten. Tante und Onkel hatten ihre Lektionen aufgezeichnet, Heft um Heft, Woche um Woche, Jahr um Jahr. Mein Schwiegervater, der regelmäßig Russisch-, Spanisch- und Französischkurse nahm, aber weniger regelmäßig Japanisch lernte, rätselte nun, welche Sprache den beiden wohl am leichtesten fiel. Er tippte auf Chinesisch, wegen der verwandten Schriftzeichen.

«Am besten fragst du sie selbst», schlug Natsumi vor und nickte ihrer Tante zu. «Tomoko-san lernt schließlich Deutsch.» So formulierte Hage-san seine Frage, doch die Angesprochene hielt nur für einen Schluck aus der Teetasse inne, um dann weiter auf Japanisch zu plauschen. Verstand sie ihn nicht? Wollte sie ihn nicht verstehen? Ihre Gedanken schienen von einem Thema zum nächsten zu hüpfen, so rasch, dass die anderen kaum dazu kamen, etwas zu übersetzen. Mein armer Schwiegervater versuchte es noch auf Französisch und Englisch, doch die Reaktion der Tante blieb stets dieselbe: Tomoko-san zeigte sich ungerührt, und sollte Hage-san sie tatsächlich in Verlegenheit gebracht haben, überspielte sie es nonchalant. Die Tante begann einfach ein neues Gespräch und verwickelte ihre Verwandten darin, bis sie das ursprüngliche Thema vergessen hatten.

Es war wie eine Partie Roulette. Man warf eine Frage wie eine Kugel in die Runde und hoffte, sie würde auf Rot oder Schwarz landen und wenigstens ein Ja oder ein Nein ergeben. Mein Einsatz war der Samurai: Motosuke, der Krieger im Schatten der Familie. Ich hatte meine Bücher befragt, in der Woche auf Kyūshū, und sie hatten mir tatsächlich geantwortet. Nicht ausschweifend. Die Bücher gerieten nicht ins Plaudern, aber zumindest ein wenig wussten sie über Motosuke-san zu erzählen: Er wurde geboren, als Christoph Kolumbus die Neue Welt entdeckte, in ein und demselben Jahr, mitten hinein in die Sengoku-

Periode, die Zeit der streitenden Reiche. Motosuke kämpfte für den mächtigen Mōri-Clan, er stieg zur rechten Hand des Feudalherrn auf und tat sich in etlichen Schlachten hervor. Einmal soll er gegen dreißigtausend Mann angetreten sein, mit Auszeichnung, wie es heißt, während der Belagerung von Kōriyama. Doch war er wirklich freiwillig aus dem Leben geschieden? Hatte er sich ein Schwert in den Leib gestoßen, um seine Ehre zu retten? Nach einem verlorenen Gefecht womöglich? Die Quellen schwiegen sich dazu aus. Sie verrieten nur, dass Motosuke-san selige einhundert Jahre alt geworden sei. Wie wahrscheinlich ist es, dass ein Hundertjähriger Seppuku begeht?

Ich sah der Frage lange nach. Wie sie im weiten Bogen in den Roulettekessel fiel, wie sie darin aufsetzte, wie sie ein-, zwei-, dreimal versprang und wie sie sich dann im Zylinder drehte, Runde um Runde. Mein Interesse löste ein faszinierendes Spiel der Mienen und Gebärden aus, wedelnde Hände, fliegende Finger, ein stockendes «Oh!», ein erstauntes «Eeeeeeh?», ein Zurücklehnen, ein Arme-vor-der-Brust-Kreuzen, ein Wieder-nach-vorn-Schnellen. «Könnte das mal einer übersetzen?» Hage-san rang mit seiner Geduld, doch vergeblich, rien ne va plus. «Sie diskutieren noch», versuchte ihn Natsumi zu bremsen. «Es geht wohl gerade um NHK.»

«Japanisches Fernsehen?»

«Eine Dokuserie über die Clans ...», murmelte Natsumi, während die Verwandten diskutierten. «Da schlitzen sie sich am Ende immer den Bauch auf.» Und weiter drehte sich das Karussell. Ein Kopf neigte sich zur Seite, ein Winken folgte auf ein Klatschen, und nach einem kurzen, verlegenen Tippen auf die eigene Nase schwieg Tomoko-san plötzlich und fixierte mich, als würde sie etwas von mir erwarten. «Und?» Mein Blick pendelte zwischen ihr und Natsumi. «Hat sie eine Antwort gefunden?»

«Ja», lächelte Natsumi, «meine Tante sagt: Woher soll ich das wissen? Ich war damals schließlich nicht dabei!», und damit war die Kugel auf der Null gelandet. «Außerdem lässt sie fragen, welches Essen dir in Japan am besten geschmeckt hat», fuhr Natsumi fort, um mir eine Sekunde später ihren Ellenbogen in die Seite zu stoßen, «los, antworte schnell!»

Ich deutete auf den gedeckten Tisch: «Dieses Essen.» Das verstand Tomoko-san ohne Zweifel, so freudig, wie sie nun auf die Schulter ihrer Schwester schlug – eine Geste, mit der die Tante ihre Zuneigung auszudrücken pflegte. Vermutlich hätte ich keine bessere Replik geben können, doch es war weder der richtige Kreis noch der geeignete Moment, um eine Frage nach dem Tod zu stellen. Jawohl, ich gehörte nun zu einer Familie von Kriegern, doch hatte ich mich bis auf Weiteres mit dem niedrigsten Rang zu begnügen: dem des letzten oder des vorletzten Samurai, was auch immer die Zukunft für Natsumi und mich bereithielt. Morgen früh würden sich Katsumi-san und ihre Schwester noch einmal treffen, um über Ernsteres zu reden. Dann, wenn wir bereits in die Lüfte steigen würden, zurück auf die andere Seite der Welt, wo die Sonne untergeht.

«Was willst du eigentlich über Japan schreiben?», erkundigte sich Hiroshi-san. «Wer weiß, vielleicht bist du einen Sommer lang durchs Land gereist und hast nichts erfahren.»

Der Onkel wirkte vergnügt und erwartete keine Antwort. Vermutlich weil er wusste, wie recht er doch hatte.

Als Natsumi seine Worte übersetzte, trafen sie mich mitten in die Schriftstellerseele. Genau das war es, was mir selbst durch den Kopf ging, schon seit einiger Zeit. Japan, die Menschen, die Schwärme, das Tempo, der Sound. Städte aus Stein, Stahl und Glas, die den Nebel, der sich über sie legte, mit Neonlicht füllten. Ich hatte geglaubt, dass ich mich an all das gewöhnen würde, aber immer wieder erwischte es mich wie am ersten Tag. Wenn ich nachts an einem Fenster lehnte, im Schimmer des Abenteuers, und von hoch oben hinuntersah in die tief hängenden Wolken, kam es mir manchmal vor, als würde sich ein Gewitter aus Farben über der Stadt entladen. Es blitzte in den Fenstern Tausender Türme, bis es flimmernd zerfiel und zuckend verglimmte. Dieser Taumel, diese Trance und dann diese absolute Ruhe, nichts als Zen. Japan mäanderte. Es war so schrill und doch so leise. So in sich gekehrt und so grell. So nobel und dann so obszön. So verschreckend wie ein böses Wunder und zugleich so berauschend wie das erste Licht eines neuen Morgens.

«Du suchst in allem einen Sinn», hatte Natsumi einmal gesagt und gelächelt, «aber vielleicht ergibt Japan keinen Sinn.» Und vielleicht musste es das auch nicht, so schillernd und so widersprüchlich, wie es war. Kann ein Gaijin ein Land verstehen, das er gar nicht verstehen kann? Wie sollte er, dachte ich. Aber er kann es lieben.

Wir tauschten die Pantoffeln wieder gegen Schuhe und traten vor das Haus, um uns zu verbeugen. Tomoko-san und Hiroshi-san standen neben ihrer Kiefer im Garten und winkten. «Entenfamilie!», rief die Tante zum Abschied, und nun wagte es auch der Onkel, die fremde Sprache zu sprechen. Er schenkte uns zwei Worte. «Gute Reise», sagte er.

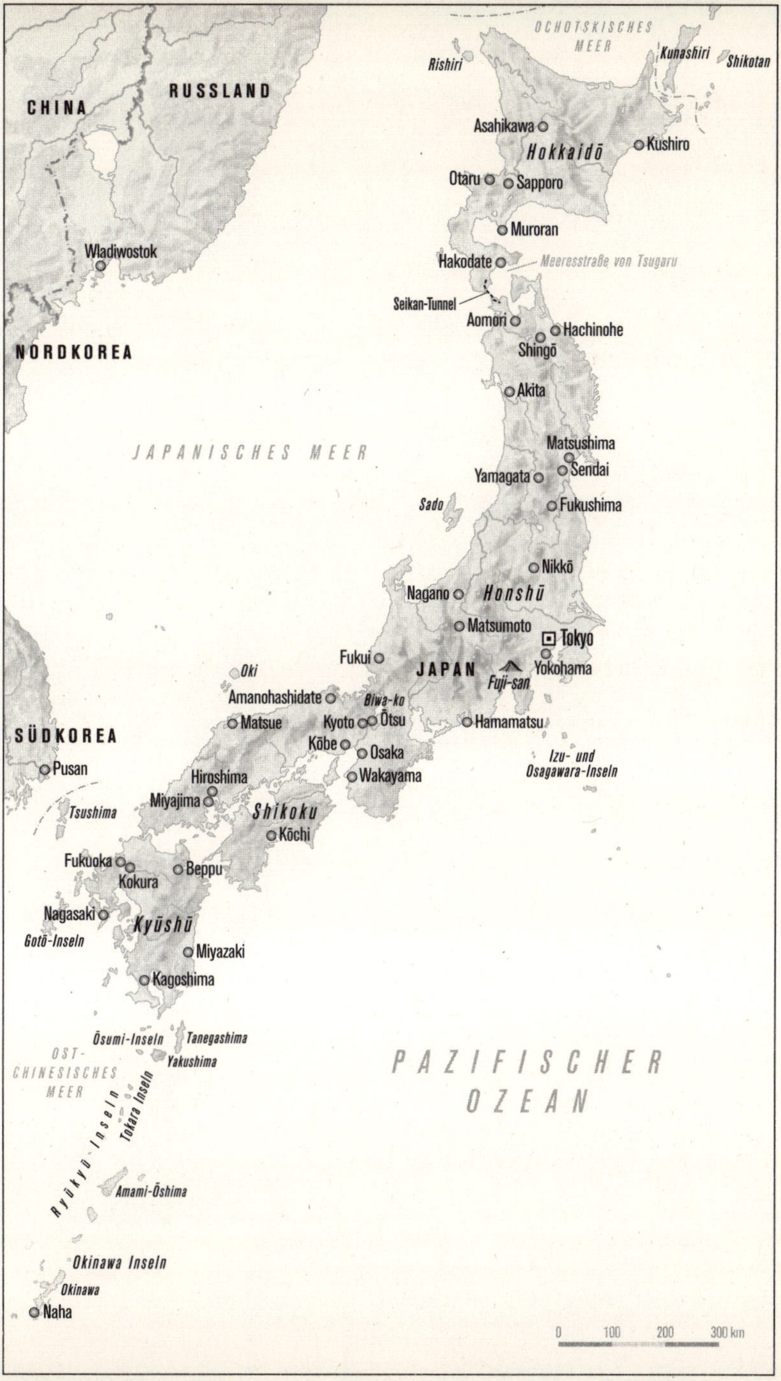
OCHOTSKISCHES MEER
Rishiri
Kunashiri
Shikotan
RUSSLAND
CHINA
Asahikawa
Hokkaidō
Kushiro
Otaru
Sapporo
Muroran
Wladiwostok
Hakodate
Meeresstraße von Tsugaru
Seikan-Tunnel
Aomori
Hachinohe
Shingō
NORDKOREA
Akita
Matsushima
JAPANISCHES MEER
Sendai
Yamagata
Sado
Fukushima
Nikkō
Nagano
Honshū
Matsumoto
Tokyo
Fukui
Yokohama
Oki
JAPAN
Fuji-san
Amanohashidate
Biwa-ko
Matsue
Kyoto
Ōtsu
Hamamatsu
SÜDKOREA
Kōbe
Osaka
Izu- und Osagawara-Inseln
Pusan
Wakayama
Hiroshima
Miyajima
Tsushima
Shikoku
Kōchi
Fukuoka
Beppu
Kokura
Nagasaki
Kyūshū
Gotō-Inseln
Miyazaki
Kagoshima
Ōsumi-Inseln
Tanegashima
OST-CHINESISCHES MEER
Yakushima
PAZIFISCHER OZEAN
Ryūkyū-Inseln
Tokara Inseln
Amami-Ōshima
Okinawa Inseln
Okinawa
Naha
0
100
200
300 km

MIX
Papier aus verantwortungsvollen Quellen
FSC® C083411

Das für dieses Buch verwendete Papier ist FSC®-zertifiziert.